U0680905

妈妈别焦虑

读懂学习性格，
激发孩子自主学习力

葛妈 著

中国出版集团 东方出版中心

图书在版编目（CIP）数据

妈妈别焦虑：读懂学习性格，激发孩子自主学习力 /
葛妈著. – 上海：东方出版中心, 2020.11
ISBN 978-7-5473-1697-9

Ⅰ.①妈… Ⅱ.①葛… Ⅲ.①小学生 – 课外作业 – 教
学辅导 – 家庭教育 Ⅳ.①G622.46 ②G782

中国版本图书馆CIP数据核字(2020)第184991号

妈妈别焦虑：读懂学习性格，激发孩子自主学习力

著　　者　葛　妈
策划组稿　张芝佳
责任编辑　邓　伟
封面设计　今亮后声 HOPESOUND pankouyugu@163.com　小九

出版发行　东方出版中心
地　　址　上海市仙霞路345号
邮政编码　200336
电　　话　021-62417400
印　刷　者　山东韵杰文化科技有限公司

开　　本　890mm×1240mm　1/32
印　　张　8.25
插　　页　1
字　　数　145千字
版　　次　2020年11月第1版
印　　次　2020年11月第1次印刷
定　　价　49.80元

你自己的孩子，先了解一下

人，终其一生都在认识自我。

回顾我自己的成长经历，我母亲最大的爱好便是看书，在新华书店工作确实称得上是她最幸福的事，退休以后也依然保持每周去上海图书馆借书、每年去上海书展淘书的习惯，我高中时候住校，每周五回家都能看到书桌上摆着她认为我应该看看的《新民晚报》剪报合辑。但是我爱上看书了吗？根本没有！传说中的"言传身教"她都做到了，但是我就是不喜欢看书。为什么我母亲如此热爱看书，而我却丝毫未受影响？起初我自己也百思不得其解，直到三十多岁时，我接触到"阅读者分类"这个概念，才终于恍然大悟。

实际上，"阅读者分类"[①]是从更早一些的"学习者分类"理论衍生而来的，这个理论由美国的邓恩斯夫妇（the Dunns）于20世纪60年代提出，之后也有不少学者基于他们的研究有了新的发现。经过消化、整合，我发现可以运用儿时的折纸游戏"东南西北"来进行直观的阐述和呈现。

"学习性格"分析简而言之就是从四个维度对人的学习状态进

---

① Dunn, Rita & Dunn, Kenneth. Teaching Students through Their Individual Learning Styles: A Practical Approach[M]. Reston: Reston Publishing Company, 1978.

行分析，这四个维度分别是思维、感官、情感和环境。思维分为偏"概括型"和偏"解析型"；感官分为偏"视觉型"、偏"听觉型"和偏"触觉/动觉型"；情感从动力、毅力和责任心这"两力一心"来看；而环境则需要把光线、声音、温度、空间布局、色调、气味、自然元素、同伴和食物这九大因素都纳入考虑范围。从某种程度上说，"学习性格决定学习命运"，掌握了孩子的学习性格，就能为孩子提升学习能力大大助攻。本书第一章就将对这一观点及几个相关要点进行阐述。

第二章会详细分析和说明每一类学习性格的特点，并附上很多生活中的例子作为佐证，以帮助读者了解不同学习性格之间的差异，这些差异有些显而易见，有些则需要依靠师长细心的观察才能发现。紧接着第三章会提供一些测评工具和方法，帮助读者"诊断"孩子的学习性格。

在第四章中，我将从家庭教养、家长为孩子选择的教材和方法两方面探讨一些典型的家庭学习模式；第五、第六章是我特别推荐的实操层面的内容，会给家长们提供规划家庭学习时间的小贴士，以及可以在生活中就地取材、因材施教的学习小游戏。

这本书融合了教育心理理论、丰富典型的案例和众多一线老师的经验，为家长们设计了一整套适应日常生活场景的教育对策，并配有大量插画、照片、图表和案例，让整本书更具可读性和可实践性，帮助家长们以恰当的视角去观察孩子，了解孩子，使他们在面对丰富而繁多的教育材料和方法时也能准确地选取最适合孩子的内容。

在孩子打基础的阶段，有时家长和老师容易用力过猛或用错力，导致孩子失去学习的兴趣和活力，写作本书的初衷就是希望让家长们在引导和督促孩子学习时少走弯路，保护好孩子宝贵的好奇心和创造力，同时维护家庭的和谐氛围。我在大学任教数年，后来基本上也都是在教育行业，一种使命感让我觉得必须要做这件事，让众多被书、书单、培训班绑住手脚的家长和孩子从不同角度看待学习这件事，毕竟，学习在中国社会中，古往今来都如此重要。

健康成熟的父母之爱，就是让孩子做好准备，作为一个独立的个体从父母的生活中分离出去，以他们独立的人格，自信地面对他们的世界。因此，"爱的教育"的本质是让孩子从依赖走向独立，如果我们发现家庭教育、学校教育无法培育孩子独立面对自己和社会的自信，而让他们越来越依赖父母和家庭，那说明我们用错力了。但愿本书能提供你一个停下来思考的机会，想一想，是否还要继续原有的方式，以及有没有更多、更合适的方式来指导孩子、与孩子相处，让你不再觉得孤立无援。

葛妈

2020.2.20

目录

1 性格决定命运，学习性格决定学习命运

001

2. 孩子的学习性格尽在“东南西北”

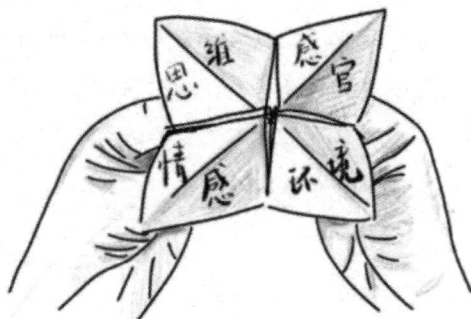

3

你的孩子属于哪种学习性格？

4.

别怕，这些学习的弯路我们都走过

5

品质时间构成了金色童年

6 有了这些简单有效的小游戏，
爱上学习不是梦

1

性格决定命运，学习性格决定学习命运

一个人越了解自己，就越有力量，因为他知道如何扬长避短，在恰当的时间、地点发挥自己的优势。

你是否会有这样的困惑，明明已经读了不少育儿书，可教育孩子依然觉得力不从心。教育类的书籍一不小心就容易空洞地说教，我不是教育学、心理学的大拿，也不愿意让大家浪费时间和精力又读一本"讲道理"的书。

理想的"学习型"家庭状态并不是一家人各自寒窗苦读。学习首先应该是有趣的，哪怕学习内容本身不怎么有趣，我们也可以把学习过程变得富有趣味性。这就很考验家长的想象力和执行力，而这些都建立在欢快和谐的家庭氛围的基础上。因此，教家长如何管教孩子并不是我的初衷，本书只是分享我作为一个普通家长的学习和实践心得。

时代在发展，如今中国社会的教育资源已经呈现出"百花齐放、百家争鸣"的势头，我们的孩子可以有更多的学习选择和更大的发展空间。那么，当我们面对纷繁芜杂的信息，怎么知道什么是对自己孩子好的，又如何有效地遴选出对我们实际生活真正有帮助的内容呢？

你可能也曾鼓励孩子要"勇敢做自己"，但是你告诉过孩子什么叫"做自己"和"怎么才能做自己"吗？做自己，不是随心所欲，或盲目坚持某些人们普遍认同的价值观。"做自己"是从人本身出发，充分认识自己，并且不断用学到的东西在自己身上试错和验证。有一句话我很喜欢，叫"小时候多认识他人，长大了多认识自己"。我想，如果我们的孩子在小的时候就能学一些心理学、教育学的基础知识，他们就不用等到长大以后再认识自己了。对家长来说，早一些认识自己孩子的学习性格，就可以避免使用不适合自己孩子的方法指导他们，也可以帮助孩子从不同的视角去观察和理解我们的世界。

小时候多认识别人，

长大了多认识自己。

"妈妈，我为什么要学习？"

如果你的孩子曾经问过你"妈妈，我为什么要学习？"这个问题，说明他们有批判性思维的能力，也善于提问，而有些孩子，每一天都被安排得满满当当，没有时间停下来思考，更没有勇气去向家长提出这个"灵魂拷问"。而作为家长，不管孩子问什么问题，都要尽量去鼓励，哪怕自己回答不出，也可以打个圆场说："这是个很好的问题呢！我们一起来讨论一下吧。"

你是怎么回答的呢，或者会怎么回答？别说年龄较小的孩子不知道为什么要学习，就连很多中学生、大学生都不是很确定人为什么要学习。

在婴幼儿时期，宝宝们看上去似乎天生就有无限的热情去探索未知世界，因为对于他们，看到的、听到的、尝到的、感受到的所

有一切都是新鲜的，他们是在用生命亲历"第一次"。相信每个家长都经历过孩子们什么都往嘴里塞的阶段，他们通过视觉、听觉、嗅觉、味觉和触觉去感受周遭，每一分、每一秒都在吸收这个世界给他们传递的信息。随着年龄的增长，更新认知的强度增大了，频率增加了，所以他们对自身周围和自己的认知、消化能力也需要达到一定水平，帮助他们做判断、做决定。

从小学到大学，主流的教育理念基本都是强调把基础打扎实，先不管为什么而学，先把它学好。数学、物理要求大量刷题，语文、英语要求勤恳背诵，推崇"头悬梁，锥刺股"的精神，让孩子们几乎把所有精力都放在技能训练和提升上。

但中国的教育体系一直在与时俱进作着革新，九年制义务教育的普及很大程度上提升了社会的整体文化水平。从内容设置上看，中小学的学科设置还是相当系统和严谨的，能让孩子们具备比较扎实的文化基础，为进一步学习深造做好准备。现在的教育也越来越提倡回归本质和初心，拒绝抢跑，注重让孩子在幼儿时期养成良好的行为习惯，让孩子在进入学校以前形成健康的家庭观和社会意识，这是时代的选择。

"人为什么要学习"这个问题和每个家庭的三观息息相关，有的家长会比较务实地回答："这样可以在升学时选择一个好学校，就业时选择一个好工作"，或者"为了当你想说道理或觉得别人的观点在裹挟你的时候，有底气、有理有据地说出你的想法"。而有的家长会回答："学习是让你对生命和世界始终保持好奇和新鲜，并从学习中获得帮助别人的力量。"无论是什么样的答案，我们都鼓励家长隔几年就和孩子讨论一下这个非常有趣的话题，还可以用文字、音频、视频等形式记录下来，比较一下讨论的结果，这也是一个记录家长和孩子共同成长的好方法。因为不仅孩子的想法会变，家长的观念也会随着年纪、阅历而产生变化，将这些思想的碰撞保留下来，将会是一件特别有意思的事。

当我的两个孩子从幼儿园升入小学一年级的时候，她们意识到书包里还需要装书、练习册和文具，而不是带一个水壶就好了。没等她们来问我为什么，我先向她们提问：你们觉得为什么一年级的书包里有好多书，每天回家还要做作业呢？我把问题抛给了她们，也不急着马上得到回答，而是在平时的生活中一点一滴地传递一些信息：

· 不学习，无创新。创新是建立在深度理解之后的大胆想象和尝试上的。

· 世界是多元的，价值观是多元的，每个人认为有价值的东西可以是不一样的。

· 不是每个人都生来有很多选择，所以当你能自由选择的时候，请珍惜可以选择的机会。

·学习是一件终身的事情，"活到老、学到老"是积极向上、热爱生活的表现。

学习性格，越早意识到越好

"不识庐山真面目，只缘身在此山中"，认识自己是世界上最难的事，因为通常我们无法把自己当作局外人，无法完全不带主观情绪和心理暗示去评判自己。相反，我们很容易受到外界信息的干扰，根据外界的声音或标准来评判自己，这样反而容易让我们做出不合适的决定。然而，一个人越了解自己，就越有力量，因为他知道如何扬长避短，在恰当的时间、地点发挥自己的优势。

我们的孩子也需要具备这样的能力，分析自己、认识自己的能力，这将帮助他们清楚地了解自己和世界的关系。

九年制义务教育阶段在孩子漫长的人生中可能只占十分之一，即使加上托班、幼儿园、高等教育，在一生里也可能只占到四分之一。脱离了学校教育统一的教材和固定的模式以后，很多人变得不太会学习了，要学什么和怎么学都没了方向，甚至觉得毕业以后就完成了这辈子所有的学习任务。也有人觉得人生的学习阶段就应该在脑子最灵活的小时候，长大以后生活的重心在工作和家庭上。这个观点我同意，但是我认为不能简单化地将人生分为学习阶段和工作阶段，而是要将学习时间的比重随着人生阶段性的推进作出相应的调整。

杰克·霍吉（Jack D Hodge）在《习惯的力量》一书中提出

"思想决定行为，行为决定习惯，习惯决定性格，性格决定命运"①，我们比较能记住的就是最后那个"性格决定命运"，也就是民间常说的"三岁看大，七岁看老"，还有人玩了把文字游戏，说"性决定命，格决定运"。不管怎么说，这样的观点在中国都受到了大众的认可。

社会在进步，除了经济得到了长足的发展，社会的包容性也获得了整体的提升。现在去餐厅，服务员那句"有什么忌口吗？"已经成为服务标准之一，这表明观念在改变，餐厅在倾听顾客的声音和需求。在学校里，也有越来越多的管理层和教师主动或者被要求关注教育受众的想法。当学校教育"以学生为本"不再是一句空话时，我们便看到了希望，因为教育关乎的一直都是人，而是人就有差异。教育不应忽视这些个体差异，因为没有任何一套教材、一种学习方法适用于所有人，也没有一个人能适应所有种类的教材和教学方式。

很多专家在做教育咨询时，会说"没有最好的教育，只有最适合的教育"；开家长会的时候，教师也会首先让家长清楚地知道"每个孩子都是不同的"。然而教师评判孩子时却还只是从行为、习惯层面来叙述，评语里多为：这个孩子安静内向、合群、富有创新力、善于合作、乐于助人、上课积极举手发言、学习认真，等等。鲜有教师意识到每个孩子在"学习性格"上有多么的不同，如果教师能观察到这些不同，能帮助孩子意识到自己和其他人在"学习性格"上的不同之处，就可以帮助他们打开思路，了解自己

① Hodge, Jack D. The Power of Habit: Harnessing the Power to Establish that Guarantee Success in Business and in Life[M]. Bloomington: Aurthor House, 2003.

在学习上遇到困难或瓶颈的根本原因，进而解决学习不得法、没有学习兴趣的问题。

在过去的几年里，我们累计做过几十场线下家长工作坊，帮助在迷雾中摸索的家长找到理论依据和实践支持，我们觉得这些在教师培训中很常见的教育基础理论非常有必要让家长尽早知道，这样家长能少走很多弯路，也会让很多扭曲的亲子关系得到缓解。当然我们也发现，虽然大部分教师都持证上岗，参加了不少理论方面的培训和线上打卡式培训，但是一到真实的教学环境中，面对一群活生生且各有特点的孩子，老师往往感觉个性化教学有点纸上谈兵，实施难度特别高，尤其是在教师稳定性低的学校和机构，这一点更为明显。在有限的时间里，教师能完成规定的教学任务已经非常不容易了，在备课、上课、考核以后还要求教师去了解每个孩子的"学习性格"，基本上不太可能，何况很多教师连他们自己的"学习性格"都还不太清楚。

怎样学，才能学进去？

让我们来看看学习的四个阶段：

第一阶段：知识储备。

这是学习最初级的阶段，主要是进行知识和学习方法、经验的积累。在这个阶段如果没有遇到好老师以他们丰富的教学经验引导孩子如何学习，家长也没有有意识地去了解孩子的学习性格，全凭孩子自己去经历、去领悟，那孩子可能会形成一种并不适合自己的学习模式，有些孩子甚至会厌恶学习。

以往，知识储备的最高境界是"知道别人不知道的"。在信息时代来临以前，知识储备非常有用，而现在随着智能装备和网络的普及，绝大部分的知识已实现了全网共享，人们将"无所不知"，学习也将不再是"知识的累积"。

第二阶段：信息重构。

这个阶段的最高境界是"想到别人想不到的事"，这需要不断分析、综合和创造，建立起自己的认知体系。此阶段的学习者已经意识到"知道"是关于外部信息的，而如何设法把别人的知识转化为自己的知识是需要"重构"这个动作来完成的，需要培养自己具有独立思考的能力，即在知识的相互融合中能创造新想法、新价值的能力。

如果只有较为完善的知识体系，而不擅长处理信息，就无法把外部知识融入自己已有的知识体系中；如果仅仅升级了大脑里的知识储备，没有丰富的想象力，也无法获得灵感更别提有所创新。随着知识体系的系统化与成熟化，你才最有可能在已有的知识体系和混沌的未知领域中找到平衡点，激发学习动力和创造力，并将未知领域也慢慢地纳入你成熟化、系统化的知识体系中来。

第三阶段：系统应用。

如果说前两个阶段是"知道"和"想到"，那这个阶段就是"做到"，并且是做到别人做不到的事。在这个阶段中，学习者已经能将所学到的知识转化为自己的行动指南，并认为知识体系的应用是学习的目的之一，是个人能力和技能的体现。

应用型学习者擅长以自己的经验为宝贵的素材，能将所学到的知识和自己的经验联系起来，并从中找到可以改善自己行动的指南或是解决问题的新方法，而这套方法论的成熟源于其不断的学习、实践和改进。

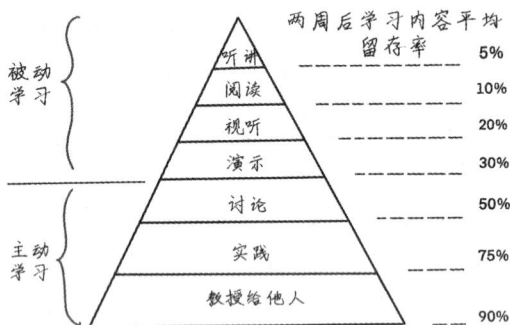

第四阶段：体系传授。

有一个"学习金字塔"（Cone of Learning）理论，它最早由美国学者、著名的学习专家爱德加·戴尔（Edgar Dale）在1946年提出，该理论结合美国缅因州国家训练实验室的研究成果，显示出采用不同的学习方式，学习者在两周以后还能记住内容的百分比（学习内容平均留存率）。

从学习金字塔图不难看出，学习者将所学知识教授给他人，两周后学习内容留存率竟高达90%，这是因为教授他人学习的过程中能更加深刻地掌握知识，这就是古人说的"教学相长"。当孩子在学习的时候，你要以选一些细小的知识点，告诉他们需要讲解、教授给师长或同学听，而这需要经过学习、重构、实践的过程才能实现，这时候孩子就自然而然地把问题吃透了。家长不要觉得这些步骤很繁琐，或认为知识点很小没必要，其实，孩子的学习自信心能在充当"小老师"的过程中得到迅速提升，学习效率和知识效用也能得到大幅提高。

而最普遍的学习方法"听讲"竟然在两周后只能让人们保留所学知识的5%。有趣的是，采用阅读这一"主动获取知识"的常规方法竟然比采用视听这一被动获取知识的方式，学习内容平均留存率更低，因此你在读完这本书以后，过半个月大概也只能记得内容的十分之一，而如果我把这些内容拍成视频，你看过后两周或许还能记住五分之一。而当你把这本书里的内容做成 PPT 演示给他人看，两周后你还能记得大约三分之一。当你和朋友都看了这本书并就某个话题展开讨论，或者参与网上的书评活动，那两周后你还能记得大约一半的内容。如果你边看边代入自己的实际情况，并且把书里的方法运用在自己和孩子身上，那这本书的书价能回本75% 了。倘若你本身就是朋友圈的热心人士、亲友团的小智囊，当别人求助于你的时候，你把这本书的一些方法传授给大家，那我熬过的那些无人理解的夜就太值了。

什么是"终身学习者"?

日本有个 84 岁的 DJ 奶奶火了，而据她回忆是 77 岁才开始去夜店学习怎么玩音乐的。我遥想了一下，如果自己可以活到 77岁，我还有所谓的"学习力"吗？我对这个世界会和她一样也充满渴求，奋力用足我活在世界上的每一天吗？在国内社会新闻里，每每有老爷爷、老奶奶重新步入学校课堂，都被当作热点和罕见事儿来报道，说明上了年纪而不放弃系统学习的人和事在大家的周围是很少见的。

人是从什么时候开始给自己设限的呢？为什么要让社会的约定俗成来决定你学什么和怎么学呢？

在朋友圈，我们经常可以看到朋友分享自己看的一本新书、解锁的一个新技能，以及他们学习打卡的内容。有记录自己学习的，有记录孩子学习的，内容从阅读、听书、背单词到看外语新闻，样样俱全。中间当然不乏为了免单返现而坚持的人，但不管目的怎样，能通过这种方式实现长久的学习，其毅力都是值得赞叹的。

一方面，拥有长久的"学习力"的人也更容易在人群中获得好感，让别人产生敬佩，而绝大多数人扮演的是崇拜者、欣赏者的角色，自己却不太敢也不知道如何迈出第一步。另一方面，学习在人群里具有了社交属性，并且这个社交属性也可以变成学习的动力之一。

说到学习的社交性，不得不提到我做过的一个小实验。起源是我边刷朋友圈边蹦出了个主意：与其让这些家长在朋友圈，为自己阅读电子书和背单词寂寞地打卡，还不如把这些有学习需求的人集中到一起，放在同一个群，让他们互相激励，而不是去消费朋友圈。我花了两天时间，一对一突破，说服了 78 个想提高英语水平的妈妈朋友，组成了八个"妈妈英语互助群"，还招募到八位英语专业八级的志愿者妈妈，请她们在群里担任"妈妈学生"的免费指导老师，为期一年。

当时我选了一个靠谱的在线分级阅读系统给每位"妈妈学生"分别测评了英语阅读水平，然后随机分配到八个群，要求她们每周交一次音频作业，然后志愿者妈妈会一一纠音，并给予简单评价和鼓励。因为志愿者妈妈都是义务劳动，自己也有孩子要照顾，其中五个还有全职工作，所以我对她们的要求仅限于如果有作业就点评，对"妈妈学生"也不要求她们打卡，避免群内气氛过于紧张，给大家带来不必要的压力。我只是想给妈妈们一个机会，能重新找到"学英语"这件事的乐趣，不考试、不横向比较。当然我还有另一个考虑，我认为妈妈们如果能多把重心和关注点放到自己的学习上，那孩子们的生活状态大概能稍微轻松一些，而不是怀疑"我妈除了盯着我是不是没有其他事情可干了"。

时间上，一周仅仅需要花半小时去大声朗读一篇小文章，甚至不需要读整篇，能读多少读多少，然后录下其中自己最满意的2—3分钟的表现。这样即使整个群都交作业，志愿者妈妈听完每个人的音频文件再点评一下，也仅需占用其一小时时间。

这听上去挺不错的方案实施起来是怎么样的呢？在开始的前三周，所有群的学习热情都空前高涨，几乎人人都交作业，志愿者妈妈的工作积极性也很高。可是三周以后，每个群都只有两三个妈妈交作业了，有时候甚至"开天窗"。志愿者妈妈们有的会在群里开开玩笑刺激一下大家，那后面一周就会多几个人来交作业。一开始我以为是赶上孩子放暑假，妈妈们需要出去度个假或者带孩子去参加夏令营的缘故，可是孩子开学以后这个情况并没有好转。

这不禁让我感叹，成人的生活固然更为复杂琐碎，也需要承担更多的责任，但如果每周连半小时都无法抽出来兑现自己的承诺，从何要求孩子每一天完美又及时地完成作业呢？

这种自发的学习，看上去非常需要内驱力，但事实证明，绝大多数人欠缺的都是毅力和兑现承诺的责任心。这可能也是为什么人们需要花钱请健身教练和养身专家定时给自己发消息鞭策自己的原因。

近十几年以来，随着MBA等继续教育的兴起，学习年龄仿佛延长了，这对人类社会的发展来说当然是件好事。但从什么时候开始，我们成年人好像丧失学习的内驱力和兴趣了呢？毕竟参加MBA等继续教育课程大多是为了自己的职业前途，而非纯粹出于兴趣爱好和对世界的探索欲。

学习本身不应该是功利的，但现实生活中，我们还是会不由自主地从经济的角度来衡量学习的效用，把教育投入看作是一种金钱、精力和资源的投资。然而，不可否认，这种投资的回报率是非常高的。也就是说，只要你愿意，"活到老，学到老"确实可以让你一辈子都对未来和未知充满期许，并从不断积累的知识技能中获得力量和自信。

那"终身学习者"究竟需要具备哪些条件呢？

首先，终身学习者必须拥有对世界持续不断的好奇心，也就是要有炼就学习本领的前提：愿学。具有了这个马达强劲的动力，才会勤于挤时间，利用可以利用的一切资源来达到学习的目的。这个动力或许是源于人生阶段性较为功利的目标，也非常可能是源自一种内心的能量。也可能是，在合适的时间，通过一个偶然的机会，长久以来对某种技能或思想的学习欲望迸发出来。如果你希望孩子有独立思考能力，那你需要让他从不同的来源接受信息，并加以辨析，逐渐形成"科学态度"。

科学态度是对新知识的一种复杂的渴望，包括对信息的怀疑，对数据及其意义的探究，对证据的需求，对逻辑的尊重，对前因后果的考虑，对客观事实和主观判断的强势区分，等等。教育应更注重启发、探究，当孩子对某一个领域产生兴趣的时候，做父母的应该感到高兴，因为这说明孩子宝贵的好奇心没有被人为破坏，而你有了一个更了解孩子、和孩子一起成长的大好机会。如果害怕因为自己讲不清楚而在孩子面前失去尊严，那请鼓励自己逐步克服这种心态。与其试图在孩子面前建立无所不能的形象，还不如从一开始就实事求是，"知之为知之，不知为不知"，这样孩子也会对"闻道有先后，术业有专攻"有更深刻的了解，清楚地知道无论是谁都有知识的盲区，都需要学习，每天有新东西学是一件极其幸福的事，何况是和自己最亲密的父母一起学习。

其次，终身学习者会几十年如一日地保持学习热情，并付诸行动，用毅力去兑现自己的选择。当然，这种选择也可以仅仅是一个兴趣爱好，比如我对画画从小就有热情和兴趣，但小时候的学业压力让我不得不把有限的时间合理分配在必须要完成的事情上，长大以后，我并没有放弃，一直在挖掘支持这个兴趣爱好的资源。比如写这本书就给了我一个机会，我带上平板电脑和电子笔去数码商店学习如何画插画，用一颗谦卑好学的心去获得学习带给我的满足，我觉得这件事非常值得去尝试。

最后，终身学习者很清楚自己的人生使命。有了使命感，学习者就会抛开功利、摒弃浮躁，锲而不舍、持之以恒地学习，不止"愿学""勤学"，还会"深学""善学"和"真学"。

总之，终身学习者的学习，不仅是为了获取信息，更是为了获得一种更高层次的愉悦感。

谁是孩子的学习守望者

"学习让我快乐吗？不，学习让我妈快乐。"

这是网上的一个段子，但不得不说，笑过以后值得深思。到底孩子是为谁在学？

时至今日，育儿早已不再是让孩子饿不着、冻不着，人们的物质生活在丰富，精神世界在开花，家长们愿意花更多的时间去研究科学育儿（虽然其中不乏偏颇和错误解读的案例），秉持着"我们不也是这么长大的吗"这种执念的爸妈越来越少。

守望者不只是守护者，守望是守护的更高境界。那是一种源于对孩子有信心的放手和展望，是我们为人父母能送给孩子最好的人生礼物。

在婴幼儿时期，通常孩子接触的最多的便是在"一线"带孩子的父母、祖辈或请来的看护人。我们教育孩子也经常用传统方法，或者"照书养"。英国科学家詹姆斯·焦耳（James Prescott Joule）说过，"如果没有爱，将不知如何把一切学识放在正确的位置上"，而从另一方面来看，如果你没有科学的知识，你的爱也不一定能摆在相对正确的位置上。

孩子启蒙也需要科学，在0—3岁大脑发育关键期，每一秒钟都会产生一百万个神经元连结，这个连结必须有适当的刺激，才会留在脑里面。现在很多家长掏钱非常快，觉得掏钱就能买到最先进的教育理念和服务，能把孩子培养成精英。我经常打这样的比方：如果缺少最基本的兴趣，那即使住在图书馆里，这些信息和知识仍然是印在书上的抽象符号，不会自动跑到脑子里去，不然怎么会有这样一种说法：世界上最远的路就是抽象知识进入孩子大脑的路。同理，如果极少认真观察孩子，甚至懒得花时间去陪伴这个你用血肉之躯创造出来的小生命，那就算花再多的钱也达不到你的教育期望。守望者的这个"望"指的就是观察然后目送。

如果缺少观察，那对孩子的判断就会失去依据，如果缺少目送，那孩子也会失去勇往直前且没有后顾之忧的底气。

都说父母是孩子的第一任教师，道理我们也都懂，可在实际养

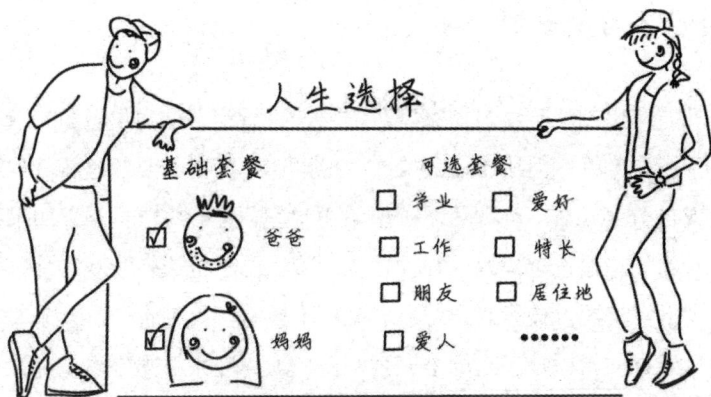

育孩子的过程中却很容易背离初衷。人生路上我们每个人会遇到很多老师，而父母是唯一不变的常量。为什么老师上课时对全班孩子讲授一样的内容，但是最后孩子们的反馈结果却很不一样？你当然可以说，有的孩子天资聪慧，或者学习习惯好。但孩子不是流水线上一只只整齐划一的小黄鸭，谁有义务去观察孩子，帮助孩子认识自己、找到并发挥自己与生俱来的特点？当然是生育孩子的父母，或者孩子的主要看护者、监护人。学校不可能按每个孩子的情况定制不同的学习方案，坚定地站在孩子身边一辈子的只有我们家长。所以请花时间去观察、了解孩子，此外，还要更进一步用你喜欢和擅长的方式记录孩子的特点，和孩子一起讨论，运用这本书里学到的一些接地气的好方法，成为孩子成长道路上最长情的守望者。

创建学习型家庭

能提出创建"学习型家庭"的家长，肯定不认为学习只是孩子的事情。他们除了担任孩子的"后勤部长"，更重要的是和其他家庭成员分工协作，营造积极向上的家庭氛围。试想一下，如果孩子看到的总是爸爸妈妈倒在沙发上网购、刷手机或打游戏，那家长有什么资格要求孩子悬梁刺股、坚韧不拔地学习呢？

如果你希望孩子对周遭充满好奇，那你应该努力创造机会让孩子看世界，读万卷书，行万里路。没看过世界，哪来的世界观？如果在教育早期，你就太早给孩子制订过于远大的规划，没有意识到或无法接受自己孩子的"普通"，那这样的人生观是否会给孩子带来一生的压力呢？如果你对成功的标准很单一，难以用开放的胸襟去理解和包容不一样的价值观，那孩子评判事物时很有可能只看对自己有用没用。

三观的建立，就融合在学习型家庭建立的过程中。

学习型家庭的创建，可以大大增加孩子对学习的兴趣。这种创建绝非是家长坐在孩子身边盯作业这类事情，恰恰相反，家长要把目光从孩子身上移开，关注到自身，有意识地去探究一些关于学习的知识，比如去购买、借阅一些心理学或有关大脑研究、感官研究的书籍，去参加工作坊、探讨会和"家长学校"等。由此家长能产生榜样的力量，让孩子知道即使是大人，认知也是有限的，每天都要不断学习新东西；世界上除了语数外以外还有很多领域等着我们去研究，而我们是否有能力去学习新事物也是基于我们是否已经具备了一定的学习基础。

如何确定学习型家庭的学习内容呢？这就跟每个家庭成员的学习性格特点息息相关。在观察并"诊断"孩子学习性格前，我也希望爸爸妈妈先做一个自测，就像老师备课一样，先结合自己的情况熟悉一下内容，然后等孩子睡觉以后，夫妻俩互测一下，再周末挑半小时时间，给孩子也做一次"家庭访谈"。如果此书能成为帮助家庭成员互相了解彼此思维、感官、情感、环境需求和偏好模式的工具书，那将是这本书价值最大化的体现。

积极的家庭氛围带来创造力，消极的家庭环境带来破坏力。

凡事预则立，不预则废。我们可以邀请家庭成员在睡前饭后花半小时来头脑风暴一下，设计出专属于自己家的"学习型家庭清单"，讨论的思路如下：

· 我希望本周的学习／工作目标是……

· 我希望本月的学习／工作目标是……

· 我希望半年的学习／工作目标是……

· 我的哪些学习／工作行为可以发生改变？

· 我需要得到家里人的哪些支持？

尽量让所有的家庭成员都参与到这个讨论的过程中来，不让任何一个人游离在这个设计和执行过程之外。如果有家长出差或不在家，大可以等全体到齐的时候再开这个家庭会议。不让任何一个家庭成员"落单"，对于孩子也是一次很好的家庭观教育体验。有时候我会遇到一些自认为很了解配偶的妈妈，当我鼓励她们邀请先生一起参与到家庭会议或家庭教育的环节中时，很多人的第一反应是"他肯定不愿意"。可事实并非如此，当我接触到这些我原以为对参与家庭生活不怎么积极的爸爸们时，发现他们对了解自己、太太和孩子的学习性格类型非常感兴趣，有的家庭甚至因为"学习性格"测试和讨论而找到了更多共同话题。

下一章节里讲述的"学习性格"就是孩子们与生俱来的密码，如果家长能解锁这一密码，那将开启孩子渴望被理解、被关怀的心灵大门，也能让孩子从小就意识到每个人的不同，以及不同在哪里。倘若家长的价值观单一，成功标准趋同，孩子是无法理解和接受世界是多元的这一事实的，他们也会较难感觉到被理解和包容。同时，由于孩子本身生活阅历的局限，加上外界信息源的总闸握在监护人手上，他们将愈发觉得，"只要是和大部分人不一样，就是我的问题"，可事实并非如此。

老师或家长口中的"笨小孩"或许正在苦苦等待有人开启他的学习性格密码，并通过不断尝试，去帮助他"看见"他的独特。他可能听讲一点问题没有，甚至可以复述七八成的上课内容，但是一到读书或考试，一看到文字就发蒙，根本不想看；或者他们体育、舞蹈、木工等课程如鱼得水，一到语数外就犯难；抑或他们代数特别好，但一到立体几何或要制图时就不知所措。这样的孩子在我们周围比比皆是，是他们智商比别人低吗？他们不擅长的领域就该早早放弃吗？

当然不！听觉敏感的孩子主要依靠耳朵去获取信息，和偏"视觉型"、偏"动觉型"学习的孩子一样拥有强大的记忆力，只是他们更习惯用听和说的方式进行学习和沟通。比如杰出的运动员、舞蹈家或工匠，他们小时候可能或多或少地受到过偏见，不被理解和接受，事实上他们非但智商和旁人无异，还可能在某些方面拥有高于普通人的天赋。

作为孩子最亲密的朋友，如果我们能时常回忆、思考一下自己心目中的好老师、好家长有哪些共性，是不是可以更好地自勉以守望孩子一生呢？能让孩子成为这样的幸运儿的那个人就是你！

2.

孩子的学习性格尽在『东南西北』

原来，不是我和学习这件事犯冲，而是我不够了解自己，可当时我还没有能力和高度去探索属于自己的学习方法。

在开始这一重要章节之前，我想引入一个小例子。记得某一次商业访谈时，我们设计了这样一个问题：请问你会在手机剩下多少电量时充电？大数据和访谈的结果显示：越是不能忍受手机电量低的人群，在使用信用卡的时候会越快还贷，甚至有一些当手机仍有 70%—80% 电量就需要找充电器的人根本不用信用卡，不给信用卡公司一丁点挣他们钱的机会。这些行为折射出来的就是我们固有的思维方式，当然其中确实有社会环境、社交需求、文化习俗等因素的影响，但大部分是由我们的性格决定的。

在学校里，同一位老师教授了同样的内容，但学生们在课堂上、考场上的表现却并不整齐划一。真的是有些孩子比其他人"笨"吗？没有人希望被称为"笨小孩"，也没有人希望成为"笨小孩"的爸爸妈妈。不少家长会用智商这个单一因素去衡量孩子的聪慧程度，却很少有人从学习性格的角度来看待孩子的学习状态。要知道，一个人的智力水平会受生活阅历、年龄增长、环境等多重因素的影响，而通过一次智力测试给孩子下判断是非常武断和不公平的，更何况智力测试也无法判断和量化孩子的艺术天赋和社交能力。

　　这一章节是本书的重中之重，因为一切师长寻求的教育问题的解决方式都可以基于对孩子学习性格的判断来作出一些调整。

　　学习性格这一理论经过缜密的科研和应用，是基于全世界一线老师、学校、家庭超过50年的持续运用的成果。20世纪60年代，美国的邓恩斯夫妇（the Dunns）发现每个人的学习性格里会有一两种相对占主导地位，也就是所谓的VAK学习性格[1]，简单来说分为偏"视觉型"、偏"听觉型"和偏"动觉型"。经过35年的研究和实验，这对夫妇建立了Dunns学习性格模型[2]。他们认为有五种因素对学习状态和结果有影响：环境因素、情感因素、社会因素、客观因素和心理学因素，而这五大因素又细分成若干小因素。（如下图）

Dunns 学习性格模型

环境因素	声音	光线	温度	设计
情感因素	动机	毅力	责任心	结构性
社会学因素	群体（分组／不分组）	结对（和师长／和同龄人）	独自	多种结合
客观因素	感官	摄入饮食	时间	移动性
心理学因素	解析型／概括型	优势脑半球	冲动／审慎	

[1] VAK（Visual，Auditory，Kinesthetic）学习性格理论是由理查德·班德勒（Richard Bandler）和约翰·格林德（John Grinder）建立和发展起来的。他们根据学习者感知渠道的偏好，把学习者分为三种类型，偏"视觉型"、偏"听觉型"和偏"触觉型"。

[2] Dunn, Rita & Dunn, Kenneth. Student Learning Styles: Diagnosing and Prescribing Programs[J]. National Association of Secondary School Principals, 1979.

　　每个人都有自己的学习性格，它们像指纹一样因人而异。这个差异取决于很多不同的因素，而这些因素的偏好大多又是与生俱来的。当然，其中有些会受到家庭环境、宗教背景、文化层面的影响，但大部分是天生的。

　　拿最简单的环境因素来说，有些人就喜欢昏暗的光线、一点背景音乐、温暖的氛围，这些对声音、光线、温度和设计上的偏好构成了不同人的不同学习性格。我也将在第三章里详细展开讲述家庭学习环境的改造秘籍。

　　邓恩斯夫妇的研究当时在世界范围内引起了极大的反响，他们通过发表核心刊物论文、出版书籍、开展学区跨校论坛和进入高校的教育学专业授课等方式让更多的人意识到人们有着多么不同的学习性格。之后不少理论基于他们的持续研究而延伸出去，并得到了广泛运用。这些研究结合了社会学、心理学、行为学、人类学等学科，但不免体系繁多，阐述过于理论化，理解起来略为困难。

　　长年的商业深度访谈工作经历让我对分类、归类、探究极有热情，而这一理论让我应证了对自己多年的观察。记得在初中时，女同学们热衷于在课桌肚里藏言情小说或武打小说偷偷看，我却对虚构的故事书不怎么感兴趣。即便由于"社交需求"看上几本，

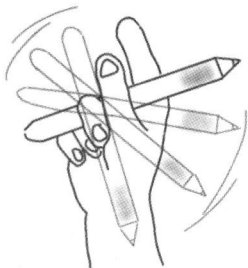

我也只喜欢看图多文字少的漫画。我不觉得别人的故事有多吸引我，令我痴迷的是历史、政治、科普或者园艺、编织、时装、烹饪、室内装潢、拼布等手工操作类的书籍。

邓恩斯夫妇的学习性格理论能解释为什么我去听讲座的时候必须手上转一支笔才能听得进去；能解释为什么我公公的手写版自传我得帮他一个一个单词输入电脑才啃得下来；能解释为什么我在做洗碗、洗澡或骑车这种不走大脑的机械动作时萌发的创想最多、思路最清晰；能解释为什么先生让我办的事，他只要不写在我的日历上我必然忘记；能解释为什么在家办公的时候，我必须把厨房和客厅打扫得窗明几净，必须有一杯热咖啡或冰牛奶在桌子上，才能开始百分百投入地工作；也能解释为什么一位老师讲课时缺少表情和动作，他的课会那么容易让我走神和犯困。

通过理论学习和自我观察与解析，我发现自己是典型的思维偏"概括型"、感官偏"触觉／动觉型"的学习性格，所以我就特

我常在骑车时，经想如思泉涌冥想。

别善于搭框架、总结和推断，喜欢用更直观和艺术的方式去接受信息，容易脸盲，把别人的话当"耳边风"。

这个发现让我无比亢奋。原来，像我这样偏"概括型"的学习者在学进去前必须先了解学习的目的，让这件事和自己产生足够的联系；原来，看书只是阅读或学习的一种方式，像我这样的偏"触觉／动觉型"学习者应该使用更容易上手的方法，比如画图或演示出来。

从小学高年级开始我就明显感觉学习压力倍增，我以为是自己太"笨"了，既没有学霸的大智慧，也没有一张"聪明面孔"。原来，不是我和学习这件事犯冲，而是我不够了解自己，可当时我还没有能力和高度去探索属于自己的学习方法。

像我这种偏"触觉／动觉型"学习者在人群中本身占比不是很大，而目前绝大多数老师的上课方式是更加适合偏"视觉型"学习者和偏"听觉型"学习者的。怪不得我小时候学得那么艰难，明明已经花了十足力气和时间，却只能徘徊在班级中上游。 要是我再不用功点、自尊心再弱一点，很可能就是师长眼里令人头痛的小孩了。

所以我在消化了这些理论知识以后，解构并重塑了一个言简意赅的公式，帮助家长们通过观察孩子和与孩子接触去进行判断。

学习性格 = 思维 + 感官 + 情感 + 环境

之所以设计成一个公式的样子，是因为我记忆邓恩斯夫妇那个表有困难，点太多太散。我就想是否能有办法把它吃透，并归纳总结出来，方便更多家长去体会。这也比较符合我们中国人的学习形式，先背公式，再套用到不同情境中。

当然家长们也可以把这个公式理解成"三种内在因素 + 一种外在需求"来记忆，三种内在因素是思维、感官和情感，再加上一种外在因素，即环境需求，包括光线、声音、温度、空间布局、色调、气味、自然元素、同伴和食物等。

虽然有了简化公式，我认为还应该为不擅长读文字的家长做点什么。 因为有四个方面，并且四个方面都需要均衡纳入考虑范围，所以我马上想到了小时候的折纸游戏"东南西北"，并用插画的形式展现了出来。 我把东、南、西、北换成了学习性格的四大要素：思维、感官、情感和环境。 在本章中，我们将把"东南西北"折纸一一展开，通过测试和分析，把四个方面讲透，让家长在脑子里形成这四个方面的动态的逻辑联系，从而帮助孩子在学习上一步一步找着"北"。

思维由大脑的结构决定，是不同学习性格的物质基础，感官是

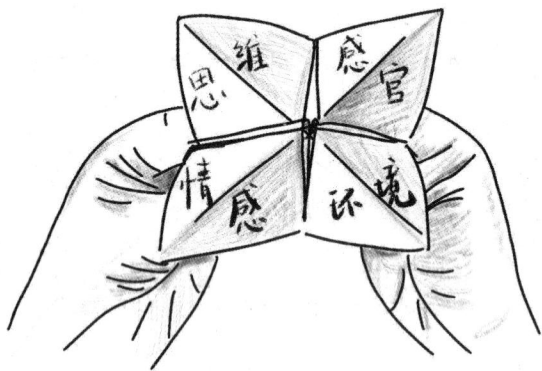

学习性格的表达方式，情感是学习性格的内在源泉，环境则是学习
性格的外在需求。而我们在讨论学习性格的时候这四大要素缺一
不可，需要放在一起综合评估。

学习成果其实和高强度刷题、高频度刺激并非永远呈正向关系，
没有搞清楚孩子作为学习者的这四个学习性格元素时就盲目地花大
量时间、金钱、体力扑上去，有时还会适得其反、事倍功半。我赞
同吴军老师[①]的观点，所谓"起跑线"，其实就是父母的见识。很难
要求父母都能有见识，不过父母不断学习对孩子确有非常大的好处。

思维因素

意识到孩子与自己的不同是关键的一步

现实生活中你是否注意到，不同人在同一件事情上作出的反应
和决定也不尽相同？这些不同的反应和决定构成了社会的多样性，

---

① 吴军，博士，著有《数学之光》《文明之光》《浪潮之巅》《大学之路》等。

同时也给了我们启迪，去探索背后的缘由。我来举几个例子：

你的同事生了一个宝宝，你和同部门的几个姐妹一起去探望，同事告诉你们宝宝的名字，有的人一下子就记住了，而有的人则需要再问一下，怎么想起来取这个名字的，背后有没有什么故事，然后才能记住宝宝的名字。

有些人在换工作的时候，会权衡利弊很久，会纠结思虑良多；而有些人则比较冲动，看到新的工作机会就认为自己肯定会有更好的职业发展，或薪资必定能高出不少；有的人甚至上午被老板严厉批评了，下午就把老板炒了鱿鱼，这种不计后果的裸辞者也不在少数。

有些人出门旅行之前除了通过各种渠道比较机票、酒店以外，还要做攻略，哪些美食店是一定要去的，哪些景点几点就不再售票了等等，均要做到了如指掌；而有些就是"说走就走"的类型，就算安排好了机票和酒店，也不会提前定具体行程，往往是当天一觉醒来再说。

有些人潜意识里有点"强迫症"（OCD，全称 obsessive-compulsive disorder），比如看到朋友圈九宫格缺一两张照片心里就非常不舒服，或者逛博物馆一定要从第一层的第一个展厅开始；而有些人就比较随性，也不喜欢条条框框。同样是发微信消息，有些人发消息从来不发"表情"，而有些人必须带"表情"或动图，觉得光用文字无法表达清楚内心情感。

有些人学做新菜的时候会先按照菜谱上的要求先把原材料都切配好，然后像做化学实验一样一步不差地去烧；而有些人会看一遍菜谱然后凭印象去烧，或者直接看餐厅菜的成品去琢磨这道菜的烹饪方法，即便是会看菜谱也会不自觉地增加一些"创新"的方法，哪怕这些"创新"最后不一定成功，他们也乐此不疲。

我特别喜欢一档澳大利亚的烹饪真人秀节目"Master Chef"，中文名叫"顶厨"，除了节目传达出来的人情味和烟火气，丰富多样的比赛模式让参赛选手和观众都满是惊喜。在比赛设定中，有一些是给一个主题让选手创作，比如做一道和童年回忆有关的菜，而有一些则是需要完全复刻某一个大厨的招牌菜，八九页的菜谱做错一步可能就会影响整个菜的色香味。那些擅长自由发挥的选手显然更适合挑战第一类任务，而在需要一丝不苟按照菜谱做的比赛环节中很有可能被淘汰，与最终的胜利失之交臂。

在生活中，你一定也遇到过特别追求完美的人，看过这一章以后你应该可以判断他很有可能是偏"解析型"的学习性格。和他们一起工作，周围人会感觉很牢靠，因为大部分人对细节的要求没那么高，而他看周围人却往往"恨铁不成钢"，让周围人感到压力很大。

研究表明，思维平衡、感官运用充分、情绪平稳持续和能满足自己对外部环境需求的人更能在多元化的世界处于不败之地，获得更好的发展。[①]我们也可以简单地理解成兼具理性认知和感性体验、平衡智商发挥和情商施展。这样的人之所以在人群基数里占比少，是因为大部分的人在大脑思维的偏好性上具有相对明显的指向。从脑学科研究来区分学习性格大体可以分为两类：偏"概括型"和偏"解析型"。

就前文所举的几个例子来看，能够在换工作等各种事情上通

---

① Lemmon, Patricia . A School Where Learning Styles Make a Difference[J]. Principal, March, 1985 : 26-28.

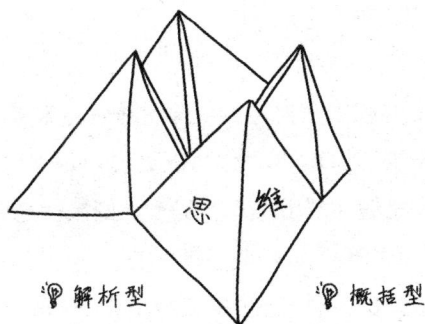

过权衡利弊来得出结论的人更偏向于"解析型",而略显冲动的就偏向于"概括型";认为在旅行前有一个详细的计划才会有安全感的人偏向"解析型",而享受旅行过程中随机性或偶然性的人则偏"概括型";做饭的时候需要尽可能采购齐全所需食材品种,按照菜谱一步一步做出的人偏"解析型",而愿意尝试和探索开发新口味并喜欢这种未知感的人,则偏"概括型"。

有一个很重要的点请大家一定牢记,就是不管偏向哪个类型,都没有好坏之分,好比有些人高大威武,有些人小巧玲珑;有些人爆发力好,有些人耐力好。这个趋势从小学高年级开始慢慢定型,但是也因人而异,因为有些人在成长过程中会一直向着自己类型的另一边微调。本书讨论的是当下孩子们的情况,不代表以后不会发生变化。

偏"概括型"和偏"解析型"的特点

那什么是偏"概括型"?什么是偏"解析型"呢?

从英文单词的词义就不难看出,偏"概括型"(Global)的人更强调整体性,思维模式更宏观,而偏"解析型"(Analytic)的人更注重细节，偏微观。

有一位音乐家，听到邻居练琴最后一个音总是不弹，他躺在床上睡不着，一定要起床在自己的钢琴上弹完这整支曲子才能去睡觉，否则就过不去这道坎儿。你可能会说他是不是有强迫症，其实他有很大概率是偏"解析型"学习者，如果他是无所谓的态度，觉得这不是事儿，那他应该是偏"概括型"的学习者。

这两种学习性格各有其利弊。比如偏"概括型"的人因为不拘小节而豪爽直率，在学习中的体现就是对知识的诠释有他们特有的一套，更善于呈现和外化并活学活用，拥有出色的举一反三能力，能学以致用。缺点可能就是比较随意、思维发散、粗心，需要知道"我到底为什么要学这个"才能开始进入学习状态。

偏"解析型"的人因为处事细心谨慎，注重细节和局部，所以"不粗心"，同时又尽可能把一切变得有条理、有据可依，他们执行能力还特别强，有时还伴有轻微强迫症，所以很擅长时间管理，作业做得快又好，因此很容易在学生时代成为学霸，刷题是他们的乐趣之一。他们不需要太清楚这个学科和自己有什么关系就可以快速行动，或者觉得时间管理就是应该做且轻而易举能够做到。这些自带学霸体质的人也搞不懂为什么同样是在课堂上听同一个老师讲解，自己就可以轻轻松松名列前茅，而一些同学却常常抓耳挠腮不得要领。

同学聚会的时候，当年的学霸经常被群嘲，"他说根本没复习，结果样样考一百"。而学霸们也很冤枉，因为他们可能真的没怎么复习，他们的大脑天生就擅长归类、解析、推理，如果再具备下文将提到的感官优势，同时擅长用视觉和听觉的方式记忆和理解的话，那学习效率和成果确实会令人望尘莫及。

每日计划安排表

☑ 整理数学错题
☐ 设计物理实验
☐ 复习新单词
☑ 写一篇议论文
☑ 打半小时篮球
☐ 弹半小时钢琴
☑ 写志愿者申请书

其实，学霸也有学霸的烦恼，从小到大各方面完成任务的轻松感、"打卡式"的乐趣，让偏"解析型"的人容易误以为成就感就等于兴趣，对数字和事实的敏感度也会让他们不自觉地对"当年高考哪一门我考了多少分"这类的事记忆犹新。他们想尝试各种事情，不一定是因为有沉醉的爱，而是因为喜欢给自己打勾，也就是更注重结果，因为学会了后可以像考试成绩一样向人展示："你看我又学会一项新技能了"，我这也好，那也好，妥妥的人生赢家！与这种"别人家的孩子"对比总带给我们一种错觉：我的孩子是不是特别笨，我的孩子是不是不努力？这种想法之所以普遍，是因为大多数人习惯于横向比较，却不知在思维上，学霸可能天生和你的孩子就不是同一种学习性格类型，而每一种孩子都有他们的特长和优势，也相应地会有各自的弱势。比如，偏"解析型"的学习性格里有"钻牛角尖"的特质，久久不容易释怀，那就需要家长注意及时进行心理疏导；而偏"概括型"学习性格的人则是脾气来得快去得也快，家长就需要及时帮孩子复盘关键内容，而不是过去了就

遇到困难时，我

A.会先自己想办法解决。

B.会马上向别人寻求帮助。

C.有时候会自己想办法解决，有时候会向别人寻求帮助。

过去了，错过最好的教育时机。

在社交性上，偏"解析型"的人不认为独立完成任务有什么不妥，比较倾向于没有旁人帮助或陪伴，但人总会有需要帮助的时候，偏"解析型"的人不善于主动求助，容易让自己背负比较大的压力。这一点在偏"概括型"的人身上却较少见，他们有较大的社交需求，来自他人的支持甚至可以成为前行的主要动力，同时，身处在大大小小的集体里也是他们的刚需。

在结构性上，偏"解析型"学习性格的人需要看到文字或表格类的指导，而偏"概括型"的人则不需要也不喜欢被规则框死，希望自由探索。举个例子，每个学校每学年都会给家长发书单，让家长按照孩子年龄给孩子准备相应的书籍阅读。如果这个家长是偏"解析型"的，就会非常需要并且高度认可老师发的书单，并按照列表去下单，觉得"还好有书单，否则根本不知道怎么挑选"；而换了一位偏"概括型"的家长，就不会觉得书单有这么重要，挑上一两本书单上自己认为好的书，再结合自己的想法去采购，即便

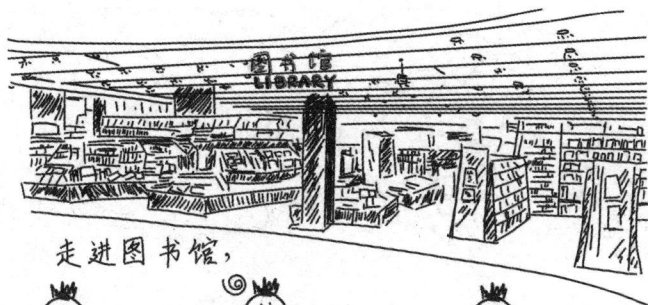

走进图书馆，

A. 好开心，
我可以随便选了。

B. 好多书，
先看哪本呢？

C. 好多书，
不过我只需要
在规定的书架上选就好了。

买回来也不一定会强行让孩子按照书单和时间节点读完。

偏"解析型"的人非常在乎结果，认为既然选择了，既然付出了，如果达不到预设的结果很难接受，而偏"概括型"的人愿意去尝试不同的事情，则更注重事情的过程和本身，认为即使结局不够完美，多种体验也是不可多得的人生经历。

我们可以发现科学家、侦探、考古学家、医生的工作大都是从细节入手，然后一步步还原真相和事实，喜欢做这一行的可能多为偏"解析型"的人；而需要很强创造力和发散性思维的艺术类、市场营销类、广告创意类、活动策划类工作则更适合偏"概括型"的人。偏"解析型"的孩子长大了不一定善于做决策，可能更适合做执行者，而偏"概括型"的孩子长大更容易着眼于宏观，具备领袖气质，却往往苦于无法将好的想法落地，并踏踏实实地坚持到底。所以说，任何成功的团队都需要有这两种类型的人。

尽早了解孩子的"学习性格"，也是为孩子长大能更好把握自己"职业性格"打下良好的基础，帮助孩子做好人生规划。

偏"解析型"／偏"概括型"学习性格特征表

偏"解析型"	偏"概括型"
处理信息更有逻辑，并注重细节	处理信息更凭感觉，看待问题注重整体性
不介意甚至非常喜欢独处	喜欢社交，不太能忍受独处
原则性很强	没太大的原则性
规则意识强烈	认为规则没有那么重要
更理性	更感性
注重系统性，有条有理	比较随意
享受信息拼凑工作（比如拼图、数独等）	享受创作和发散性工作（比如写作、设计、编排戏剧等）
愿意接受指导、按步骤做事	不喜欢被规则约束，更愿意自己制订目标、安排先后步骤
对于数量、位置、色彩等有执念	对于数量、位置、色彩等无所谓

续表

偏"解析型"	偏"概括型"
喜欢获取事实性信息（比如日期、姓名、数量等）	喜欢获取图像，不喜欢获取事实性信息（比如日期、姓名、数量等）
能轻易记住事实性信息（比如生日、纪念日、学号、数量等）	经常忽略、忘记甚至屏蔽一些事实性信息（比如生日、纪念日、学号、数量等），需要一些故事或辅助进行关联记忆
在学习时常持批判性思维和分析性思维	在学习时，批判性思维和分析性思维不那么活跃，处理信息比较慢
能不依靠文字或实操，仅通过口述便理解方法和信息	需要看到文字或实操，仅凭听无法理解信息和知识
喜欢提前做计划	可能有一些计划，但大部分举动具随意性
认为准时是必须的，学习效率高	时间观念比较散漫，需要花很大力气去守时，学习效率一般
基于逻辑和常识作决定，做事三思而后行	基于直觉作决定，做事略冲动，不太考虑后果
看上去整洁，认为打理自己很重要	看上去没那么精心打扮自己，不太注重自己的形象
很在意周围环境是否整洁	不在意周围环境是否整洁
更喜欢看文字和数字，有时候看不太懂漫画，也并不觉得幽默感很重要	更喜欢看图或视频，认为幽默是很重要的事
不太擅长猜测，对不确定的事情不敢妄自判断	经常可以通过上下文猜出意思，或很容易概括出一件事的中心思想
经常听不出弦外之音，认为字面意思就是真实意思	可以察觉到文字或语言背后的感情（比如反话、一语双关等）
不介意重复劳动	认为一直做一件事或一个动作很枯燥
不容易被别人的故事打动	看电影、读小说容易动情流泪

现在的你是不是一边在看上面的表格一边在给自己或孩子对号入座？这是一个很自然的反应。你一定也发现了，有些方面你比较偏"解析型"，而有些方面你更偏"概括型"，那么总体而言你到底是偏向哪一型的，你可以通过下一章的小测试来大致进行判断。

如果测试结果或者你对孩子的观察结果都指向某一个类型，也并不代表在所有的事情上孩子都会有绝对类型化的表现，我们在下一章里的测试里也讲到了如何量化两种类型的程度。也就是说，哪怕是偏"概括型"的人在一些事情上也会有偏"解析型"的行为和思维模式。而本书主要从宏观层面来讨论，随着孩子年龄的增长、学习经历的丰富，学习性格也会有微调。

我还注意到一个很有趣的现象，出生顺序也会影响到孩子学习性格的偏向。一般家里的老大更偏"概括型"，而后面的弟弟妹妹则基于习得的经验教训而更偏"解析型"。当哥哥姐姐义无反顾地去"撞南墙"时，弟弟妹妹会根据观察在小脑袋里分析，并保证自己"明知山有虎，别向虎山行"。

从职业角度来说，偏"解析型"学习性格的人注重细节和逻辑，执行力强、原则性强，不管在什么行业都会争取做到极致，适合做投行、编程、医生、人事等和数据分析相关的工作，此外他们更愿意指导别人，把规则和规律告诉他人，所以也有很大比例选择教师、培训师的职业。而偏"概括型"学习性格的人相信直觉、善于交际、沟通能力强，涉猎面广并且勇于尝试，所以公共关系、公司战略和创意创作类的工作显然更能体现其优势。

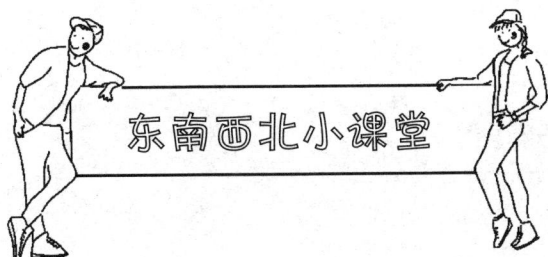

东南西北小课堂

　　记得在一个妈妈群的"孩子行为举止"讨论中，有一位妈妈提出自己孩子非常爱问问题、爱讨论，但是被老师贴上不遵守课堂纪律的标签，这让她很苦恼，她不知道怎么才能让孩子上课闭上嘴。其实家长首先应该帮助孩子认识到自己喜欢说话并不是一种行为上的"毛病"，而是自己的一种特点；只是在课堂中，如果说和上课内容无关的"闲话"，势必会影响自己和同学的上课效果。对此只能慢慢调整，培养孩子长时间集中注意力的能力，而不是让孩子一步到位完全闭嘴，这会憋坏孩子，让他产生逆反心理。

　　我们还可以试图从另一个角度去诠释孩子的特点，告诉孩子他的这种"喜欢找人讨论"的学习性格在开放性的学习中，尤其是毕业以后走上社会是非常有用和"吃香"的，而且社交能力本来就是任何一个社会人生存立足的必备技能，只是要看场合，在上课的时候如果有讨论环节，他的优势就可以发挥出来，在老师讲课的时候则需要认真听讲，否则错过了重点，是自己的损失。我相信每个孩子听到家长这样分析都会慢慢消除抵触情绪。

东南西北小课堂

有一个妈妈在参加了家长工作坊以后专门留下来问：我的孩子三岁，从刚才的观察清单来看他八成是偏"概括型"，我想让他转"解析型"，怎么转？

这样的问题让我觉得这个妈妈很可爱。首先她听进去了学习性格的不同特点，知道偏"概括型"学习者和偏"解析型"学习者不一样；其次从她急切的语气和表情可以看出，她对孩子的现状和未来发展感到深深的担忧。

这样的焦虑并不少见，真正"佛系"、淡定的家长在人群中的比重并不高。我回答她：首先，无论是偏"概括型"还是偏"解析型"，家长都需要尊重和无条件接受孩子的学习性格，学习性格不像切换电视频道，可以说转就转。第二，孩子才三岁，定性还尚早。孩子通常在小学高年级才会基本固定学习性格的大体方向。在这个阶段以前的孩子大部分都是偏"概括型"的，也有一些人偏向性没有那么明显，本身就是兼顾两种思维模式的，极端"概括型"或极端"解析型"的情况在成年人中都比较罕见。第三，我们家长需要做的是持续观察，并帮助孩子在学习方法上作一些适应他们学习性格特点的调整，而不是否定孩子的学习方法和学习状态，让他们产生挫败感，长期的挫败感很容易导致孩子厌学。

　　我后来问了这个妈妈：为什么想让孩子"转型"呢？她解释说因为刚才听讲座说偏"解析型"的孩子容易变成学霸，而她想让孩子变成学霸。我完全可以理解她为什么会有这样的希望，但听到这个回答时我心头还是有一丝难过。因为妈妈不由分说就给孩子立了一个"人设"，而这个"人设"只考虑了社会性，根本没有在乎到孩子本身的学习性格和想法。当然，这也说明目前我们的大环境的包容度还不够。

感官因素

　　我有一群经常见面的好朋友，一次聚会，其中一个把我拉到边上问我有没有发现她的不同。我使劲找了半天也没有发现她和以

今天，
老师换了一个发型。

A. 我第一时间注意
到了，还告诉了
同桌。

B. 我觉得老师哪里
有变化，但是一
时看不出。

C. 我可能没太注
意，直到别人告
诉我才发现。

前有什么不一样，但是心想她这样问我，那肯定是做了什么让她很得意的事，于是我弱弱地问了一句："你今天换了一个眼影颜色？"她有点失望地说，她隆了鼻子，填了眼袋还做了下巴，而我竟然一点没发现！如果我陪她一起去做了医美，一定能把医美的全过程都一一复述出来。就好像我从小到大遇到那么多同学，也带过很多学生，他们现在走到我面前我不一定马上能认得出来，但是我每次和他们聊天以后都会把他们的近况简单写在微信昵称旁边，只要我手动输入一次就能神奇地全部记住。

因为跨行业的工作经历比较丰富，我认识很多人，大家介绍自己的时候我通常没有办法听一次就记住别人的名字，而一定需要问一下对方外文名怎么拼，或中文名具体是哪个字，然后我想一个联想记忆的办法才能勉强记住。渐渐地，我也摸索出比较有效的办法，如果手机刚好在边上，我会掏出手机把名字输入一次，如果手头没有手机也没有纸笔，我会用手在空中书写一遍。这个过程虽然看上去很奇怪，但对我记住人名确实是一个有效的方法。我对于发生了什么事，哪个人干了什么，记得比他们长什么样子或叫什么名字清楚多了。

这说明我视觉观察力不强，除非是显而易见的变化，或是特别有辨识度和长相特征的脸，我才能注意到并记住，同时说明我不善于通过听来学习和记忆。

现实生活中人和人沟通因为有了社交媒体而变得非常便捷和高效，但每个人喜欢和习惯的方式不一样。有的人喜欢看文字消息、发文字消息，看到对方发了若干段语音内心着实不想点开；还有的人喜欢述说，认为打字发消息所花的时间不如直接打个电话；更有人喜欢面对面聊，觉得当面交流，配上表情、动作才能表达清楚

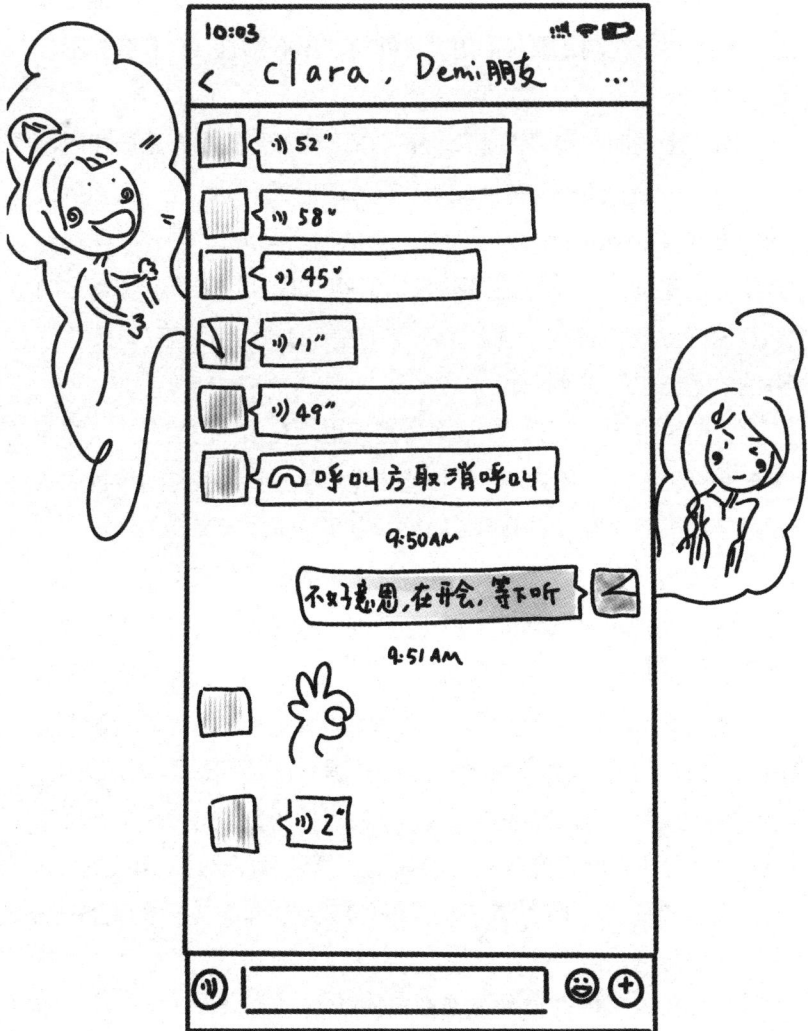

自己的意思。当喜欢发语音的人的沟通对象恰好是同一类型的人，显然不会有任何问题；倘若消息接受方并不喜欢通过听来接受信息，那么出于礼貌，很可能用文字回复"不好意思，在开会，不方便听"。

有一个词叫"沟通无能"，除了指三观不合的双方无法在同一个频道上讨论，还有一种情况就是交流的形式不是沟通双方都擅长的。任何事情无不由"内容"和"形式"所构成，"内容"固然有其决定性地位，"形式"也还是很值得聊一聊的。如果沟通双方的感官偏好程度有差异，可能就会导致这样的"沟通无能"，传达信息的效率也达不到预期值。

我们想一下，在学习的场景中是否也存在这样的情况？这样的情况是否会影响教师将知识和技能传递给学生？人类是通过各种感觉去接触进而学习新知识的，如果没有了感觉，人又会怎样？

20 世纪 50 年代，加拿大麦吉尔大学的心理学家做过一次"感觉剥夺"实验。参加实验的人需要戴上眼罩、纸质手脚固定器，在实验空间里唯一可以听到的是一些机器的声音。一开始，人们能安静地躺一阵，但没过多久，就相继出现了焦虑、恐惧、无法集中注意力的情况，甚至产生幻觉。当实验进行到第三、第四天时，已经基本没有什么人能心如止水、谈吐自如了，而这一切连锁反应直到实验结束后数日乃至数周才消失。可见感官感受是多么重要。

大家都听说过《假如给我三天光明》这部作品，作者海伦·凯勒一岁半突发急性脑充血，之后便失去了视觉和听觉，她听不见便无法矫正发音，因此说话也含糊不清。对她来说，世界一片寂静和黑暗，就连正常生活都无比艰辛，但是她没有向命运屈服。依靠强大的意志力和记忆力，她掌握了英语、法语、德语、拉丁语、希腊语五种语言，还出版了十四部著作。为了能清楚地发音、阅读和写作，她自己想了很多办法。当然，她也极其幸运，七岁时遇到了一位肯动脑筋并特别有爱心的家庭教师，在家庭教师的帮助下实现了学习的梦想。

无独有偶，在我密切关注的一个盲童公益组织里，老师致力于帮助大家找到自己感兴趣的音乐表现形式或乐器。其中有一位孩子通过听音频课熟练掌握英语口语，并善用电子产品的"旁白"功能[①]，甚至在上海国际电影节期间来我办公室负责制作数字表格。还有一位除了先天的视障还患有自闭症的孩子，他有一位伟大的妈妈，他妈妈对他进行了积极干预和引导，并通过在键盘上贴凸起的字母和数字贴纸，教会了孩子用拼音打字。现在处于青少年阶段的他最喜欢的表达方式就是在平板电脑上写文章。这个公益组织里的所有孩子身体上都有着不同程度的感官缺失，有的还和海伦·凯勒一样有多重障碍，但是他们学习的热情都非常高。

与这些感官有残缺的孩子相比，感官健全的孩子生活在多感官刺激的世界中，而有时我们作为家长却忽略、限制甚至剥夺了他们通过多种感官去了解自己学习性格的机会，这大部分是因为我们过于单一的标准在一定程度上框死了我们的想象力。

感官健全的孩子如果用他不敏感的感官获取信息或学习技能，有时也是无法达到预期效果的。家长在孩子尚小的时候，就要帮助他们找到最擅长的感官学习方式，再用第二擅长的感官学习方式去强化知识或能力，把最不擅长的学习方式用在学有余力项目上。

---

① 旁白，Voiceover，该功能是苹果公司于 2009 年 4 月推出的一个语音辅助程序，用于朗读屏幕上的文字。

有关性别的研究发现，女性更多偏"听觉型"，所以当你觉得老公把你的话当"耳边风"不要马上去怪他，很可能他耳朵是真的屏蔽了大部分信息。而男性更多偏"触觉／动觉型"，所以"皮大王"一般都是男孩子。我有一个歌手朋友，她在音乐上非常有天赋，她的女儿有个日语名字叫美玲，她有时也用日语名字的发音叫她女儿。我们知道，日语读音是可以用字母拼出来的，但是有一次当朋友问她美玲的日语名字用字母怎么拼时，她竟然说不出，因为她从来没有"可视化"这个诉求，显然对她来说听觉比视觉要重要得多。

四种感官构成了我们获取信息的形式

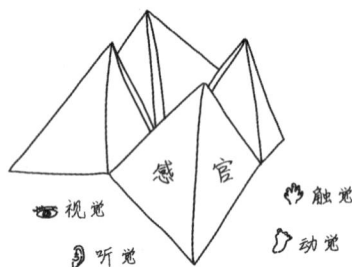

首先，我们简明扼要地列举一下四种感官类学习性格的主要特点。

偏"视觉型"学习性格（Learn by seeing）

感官上偏"视觉型"学习性格的人，大概占成人人群总数的65%。
主要特点：

·喜欢书籍、杂志以及其他的阅读资料，并能记住看到的大部分内容。

·希望看到的信息、听到的指令和要求是书面的、写下来的，或者有图片。

·对文字信息、笔记、表格、地图、图纸、记忆卡片、高亮提示、图片、照片等进行关联记忆的效果很好。

·喜欢随身带着纸笔。

·无法记笔记时会感到沮丧和不安。

·可能有特殊的图像记忆。

·能轻松理解时间表、账本、购物清单、地图等，并希望看到的信息用这些形式呈现。

·通过抄写笔记或者自己重写笔记获益良多。

·有细节主义倾向，通常把事情安排得井井有条。

·总是需要反复确认听到的口头指令。

·预习阅读资料能使自己受益颇多。

·精于制作各种图表及视觉展示内容。

·习惯把方向写下来，或者画张地图。

·会更多地注意演示者的面部表情以及身体语言。

·会注意到环境中物品的摆放位置。

·能注意到别人外观、面部表情的细节和变化。

·对他人的着装和相貌记忆深刻。

·很容易就能记住黑板上的重点。

·相比听口头的报告更喜欢看手写或者打印的报告。

·容易忘记别人的名字。

·喜欢打扮自己或装饰环境。

· 对视觉艺术有强烈的兴趣和较大的天赋。

偏"听觉型"学习性格（Learn by listening）

感官上偏"听觉型"学习性格的人，大概占成人人群总数的30%。

主要特点：

· 能言善道，喜欢讲笑话和讲故事。

· 喜欢用语言表达情感，喜欢发语音消息或打电话。

· 常常自言自语。

· 靠复述或重复听内容来记忆。

· 清楚记得自己说过什么、别人说过什么。

· 善于理解口语，喜欢跟人聊天。

· 能通过讲座、音频书籍、口语讲述和口头指令等高效地进行学习。

· 除了听到的，很少能对从其他感官获取的信息产生关联。

· 倾向作口头而非书面报告。

· 享受讨论和争辩的乐趣，并能从讨论中理清思路。

· 通过朗读收益颇多。

· 相对书面指令，更容易理解口头指令。

· 记忆力不错。

· 记得住别人的名字。

· 愿意听新闻、听故事、听讲解、听导航。

· 能注意到电影里的音效。

·无法本能地理解图表、表格或地图。

·喜欢音乐，喜欢听音乐胜过欣赏绘画等视觉艺术，经常自己唱歌，哼小调或者吹口哨。

·能运用歌曲、音乐来表达想法和心情。

·阅读时喜欢用手指着字，阅读速度很慢。

·语法很好，觉得外语学起来不难，甚至很容易能精通。

·能通过声音记住各种信息，比如通过重复念手机号码来记住它。

·在有讨论气氛的学习小组中受益颇丰。

·在需要集中注意力的时候不能忍受噪音，需要较为安静的学习环境，但环境过于安静且时间太长又会感到不安。

偏"触觉 / 动觉型"学习性格（Learn by doing）

感官上偏"触觉 / 动觉型"学习性格的人，大概只占成人人群总数的 5%，但在婴幼儿至小学低年级阶段偏"触觉 / 动觉型"学习性格的孩子占比要达到 85% 左右。

主要特点：

·喜欢感受、探索周围，喜欢行动，方向感好。

·喜欢用记笔记的方式去学习，虽然记好以后也不一定会去看。

·喜欢操作感强的设备和机器，比如车、电脑、相机、烹饪用具等。

· 喜欢在学习的时候吃点东西。

· 擅于用肢体动作和表情去表达情感。

· 擅长创造新事物。

· 能记起用手指书写过或用笔划过的内容。

· 能通过使用工具、建立模型、实际操作来记忆。

· 听讲或工作时手上不自觉地摆弄一些物品，比如转笔、捏书角等。

· 解释概念喜欢举例子。

· 能通过模仿和联系精进技艺。

· 能从动手教学中受益颇多。

· 无法长时间静坐或保持同一姿势，知道要参加长时间的讲座会感到不安。

· 相比语言和相貌，更记得住别人所做的事，容易记仇记恩。

· 学习时喜欢站着、踱步或者做需使用大肌肉群的运动，身体不受限制时学得更好。

· 好为人师。

· 拼写能力弱。

· 语速快，喜欢通过手势进行交流。

· 能从角色扮演和模仿中受益颇多。

· 学习或工作时喜欢有背景音乐。

· 喜欢学习一会就休息一会。

· 思考时不自觉地有踱步、转笔等动作。

· 能较快掌握乐器、体育或舞蹈等技能。

· 可以通过自身经验来理解抽象的理论。

·喜欢做科学实验、玩建造类游戏、进行艺术创作和做
手工。

·躺着比坐着更容易学得进。

·有时会过分活跃。

·喜欢通过触碰对方以表达友善。

·相对于看视频或读书，更倾向于参加体育运动。

·看电影后记不住演员的脸或者角色的名字，能记住的
多为故事情节。

·愿意做家务，手脚麻利，很勤快。

如果你是一位善于观察的家长，现在通过上述分类，一定清楚
了自己孩子的感官强项和特点所在，也能确定自己孩子的类型了。

理解孩子的感官强项

在幼儿的眼睛里，成人习以为常的文字、数字就好像图片一样
抽象，所以一开始他们觉得写字就是画画。当没有习得一种语言
以前，大脑会把听不懂的话直接过滤掉，因此幼儿在尚且"看不
懂、听不懂"的世界里，用手脚去感触这个世界更容易习得和理
解，这也就解释了为什么绝大部分学龄前的孩子在感官上都是偏
"触觉型／动觉型"的学习性格。

等到识了字，掌握了基本的学科知识，孩子们才渐渐把人类
发明的抽象符号和他们知道的具象世界联系起来。进入这个阶段，
老师通常会更偏爱听觉敏感和视觉敏感的学生，因为只要结合教材
或板书稍作讲解，这类型的孩子就能基本掌握了。

没错，学校里的学习确实大都需要通过看懂、听懂来实现，这

对偏视觉敏感和听觉敏感的孩子来说很有利，而还有一部分小学阶段以后仍然是偏触觉或动觉敏感的孩子，他们机械性地抄写板书却不理解板书的逻辑，他们无法通过听老师滔滔不绝地讲解来抓住重点并记录下来，这类孩子往往就需要凭借更强的动力、毅力和责任心（下文简称为"两力一心"）来帮助自己跟上节奏，取得好成绩。

这些孩子理解老师的讲课有难度，有时候还可能被冠上"多动症"和"影响其他孩子"的帽子。其实，不是所有好动的孩子都有多动症，这个叫法对偏触觉或动觉敏感的孩子本身就不太公平。不那么容易安静下来的孩子有些早早就被贴上"多动症"的标签，师长们也很有可能会用这个标签来解释他们无法理解的孩子的思维逻辑和举止。由于人们对这个类型的孩子不那么了解，也就不能给予应有的理解和接受，一不小心这些孩子就会变成师长眼中的"笨小孩"或"差生"，大人头疼，孩子本人更头疼。

有了这个知识背景后，我联想到自己在听讲座或听课时常伴有转笔的这个无意识行为，认识到或许我也是偏"触觉／动觉型"的，因为当知道需要集中注意力以及不能随便站起来走动的时候，我会让身体能稍稍有些动作（转笔），以此帮助自己去关注老师的上课内容。

如果你的孩子喜欢通过重复一些机械动作制造噪声，比如一直不停地去按某一个会发出声音甚至噪声的按钮，而他自己不觉得很吵（当然不是在公共环境或打扰到他人的情况下），或者经常做一些小动作，比如抖腿、搓手、剥指甲等，排除掉紧张焦躁等心理和情绪层面的因素后，那很可能是因为他们天生动觉就比较敏感，四肢就是会不自觉地动来动去，身体动起来以后他们的思维更活跃。这时候如果家长没有帮助孩子意识到这不是他们的问题，而是他们

自身也控制不住的举动，那孩子从小就会认为自己是有问题的。

孩子们缺少的往往只是理解和接受，说起来容易，要家长做到接受孩子的不同却没那么容易。有些学校老师无法管理的孩子被爸爸妈妈拉去做一些感统训练或治疗，实际上就是帮助这些偏"触觉／动觉型"的孩子释放自己的学习性格，把四肢和皮肤也加入通常意义的学习感官中，让触碰和身体运动伴随学习过程，比如给他们发一块橡皮泥，让他们一边看着老师听课一边捏。而我在接受阅读培训师的考察中也曾看到在一些教育理念比较先进的地方：老师允许孩子在教室最后一个区域一边跺脚或爬行，一边听课，甚至有一个幼儿园对学龄前儿童中有一定比例动觉学习者的事实相当重视，在教室的角落里放置了一个儿童版动感单车。因为这个幼儿园的教育者充分理解部分孩子"动起来反而能集中注意力"这一点。

当然，家长也没必要去质问学校，为什么自己孩子的教室里没有动感单车，家长作为监护人，应意识到各个类型学习性格的不同之处以及以此学习性格相适配的学习方式，比如偏"动觉型"学习者的父母一定能更深切地体会自己的孩子"读万卷书不如行千里路"，"用脚丈量世界"也许是这类孩子在幼儿园阶段最适合的学习方式。

从职业角度来说，偏"视觉型"学习性格的人善于发现细节，并借助视觉形式和别人交流或呈现工作成果，适合作家、记者、影视制作者、平面设计师、室内设计师、视觉艺术家、发明家、建筑师、机械师、工程师、导航员等职业；偏"听觉型"学习性格的人，就非常适合需要用到听力和语言的沟通类的工作，适合律师、翻译、心理咨询师、商务顾问、音乐家等职业；对于偏"触觉型"学习性格的人来说，匠人是他们的梦想职业，调酒师、皮具定制师、服装设计师、园艺师等职业会让这些人感觉找到了"能挣钱并且还享受"的工作；而对于偏"动觉型"的人而言，和身体运动相关的职业是他们所向往的，比如健身教练、舞蹈家、体育老师、消防员、运动员、哑剧演员、武术家、瑜伽老师等，偏"动觉型"的学习者还对探访、出差、沟通协调这类事非常享受，所以他们也很适合做记者、社会工作者这样的工作。

情感因素

"两力一心"（动力、毅力和责任心）是我总结出来的比较方便家长记忆的说法，属于心理学范畴。当然学习心理的激发和抑制受到各个方面因素的影响，从而产生出迥异的心理和行为表现状态，这里只是抓住了三个最根本的因素进行讨论。

情感上的因素，比如学习内驱力、学习毅力、学习责任心和学习构架，这些都可以随着时间积累而发展起来。而孩子的学习动力来自哪里？他是否愿意为自己的学习负责？他是否对学习构架

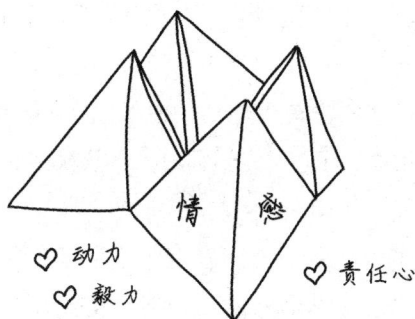

有偏向性？了解这三个问题至关重要。接下来我们就分别从动力、毅力和责任心三方面展开说明。

拿我本人来说，经常会冒出很多想法，执行力也很强，并且一旦选择做一件事，开始了就希望有始有终，不愿意让别人和自己失望。但是我抗压能力不够，有时候畏难情绪会让我比较容易放弃，点子太多也让我容易失去焦点。基于此，我判断自己基本上只有"一力一心"，我有动力和责任心，但是缺乏毅力。

那我做过最难的事情是什么呢？我个人认为是母乳喂养。这件事看上去好像不难，但它是全年全天24小时无休并且没有其他人能替代的。尤其第一胎时开奶很痛，外加每几个小时就要喂一次，也没有清晰的时间表和进度条可查看参照，确实很考验耐心和"毅力"，所以哺乳期的妈妈特别容易抑郁。因在孕期做了功课，知道母乳里具有很多奶粉所不具备的活性因子，我便"动力"十足、自信满满地把后路都断了，没有准备任何奶粉和奶瓶，第一胎时母乳喂养全程也基本处于享受母女亲密时刻的状态。但到了亲喂第二个女儿时，"这么快又来一次"的无奈感和"不知道哪一天能结束"的无望感一直伴随着我。然而，我希望给两个孩子无差别待遇，那自然也必须坚持到老二自然离乳，这说明我对孩子们还是有公平对待的意识和"责任心"的。那究竟是什么改变了我，让我这么没有恒心没有"毅力"的人也能坚持下来呢？原来，当我的"动力"和"责任心"足够强时，自然就挑战了"毅力"的极限。

由此可见，"两力一心"这三者需要结合起来看，它们互相之间有联系。我们先分别来看看这三个学习性格的情感要素在学习中起了什么作用。

动力

有一款手机壳一度很受年轻人青睐，壳上有四个大字——及时行乐。可见，"活在当下"是我们这个时代年轻人常有的观念，一些人更多追求眼前的生活安逸，不太也不用去考虑将来的生活。而不少父母认为自己辛苦积攒的财富和人脉给孩子用天经地义，殊不知这种"没事儿，爸爸妈妈养你"的态度会让孩子失去努力的方向，没有方向，自然也就没有动力，这从近些年高校毕业生就业的情况中也可窥得一二。现在的孩子有太多选择和后路，导致他们不容易有目标，不容易有动力。

孩子其实很难主动把当下的学习和他们未来的职业生涯、三观的建立产生紧密联系。很多家长都会告诉孩子，现在的社会是多元化的，他们可以发挥想象力，用不同方式实现个人价值，却没有强调一点，那就是任何内在的、外在的"成功"都没有捷径可走。老话说得好，成功青睐有准备的人，而研究准备什么，怎么准备才能"让我变成更好的自己"，实则要思考"我要在哪方面加强学习"。

不同学习性格的人产生动力的原因也不大一样，偏"概括型"的人产生动力的关键往往在于过程，而偏"解析型"的人产生做某件事的动力，一般是因为他们看到了好的结果在向他们招手。

在创业道路上，一拍脑袋说干就干的往往是充满"动力"的偏"概括型"的人，他们比较冲动，某一个小的灵感就足以让他们奋勇前行，甚至不计后果，即使失败了，他们也不会那么在意结果，而认为过程才是最有价值的。而偏"解析型"的人在下决心要创业前会内心纠结很久，分析了利弊、可能性和可行性以后，他们一定是先搭框架，然后做计划，一旦实施就不会轻易放弃，会死磕到底。如果最终失败了，则很可能是栽在了大方向没选对，或者沟通、服务等与人交互的方面。和偏"概括型"的创业者不同，他们往往非常介意结果，创业失败以后会自我怀疑和消沉很久，甚至一蹶不振，很难走出来，且难以激发东山再起的动力。

你有没有想过，为什么有些孩子会主动要求参加学习班？可能是看到别人的学习成果，积极向上的他／她也希望有这样的本领，并有展示的渠道；可能是希望走进这个小集体，享受同伴和老师带来的社交乐趣；也可能仅仅是路过这些学校和机构，被外观所吸引。而有些孩子则并不知道自己还有说"不"的权利，爸爸妈妈（多数是妈妈）自行决定选报兴趣班，把孩子有限的时间排得满满当当。这背后的动力又是什么呢？相对来说，家长的目的性更强、更明确，无非就是害怕孩子在学校跟不上，对孩子没有信心，所以要让他们提前学、超额学。这些担忧都情有可原，只是引发了因为有人抢跑，所以大家都需要迎头赶上、不甘落后的"剧场效应"。但对这些孩子来说，其动力很可能是欠缺的。

但是，如果你希望孩子真正爱上学习，那就需要思考如何把

"外驱力"转化为"内驱力"，也就是"两力一心"中的"动力"。对于偏"概括型"的孩子，如果没有解决他们小脑袋里问的"为什么"，很难让他们形成"两力一心"中的"毅力"和"责任心"，并让他们做下去做到底。

毅力

　　每每有人问我为什么不送孩子去兴趣班，我的回答都是发自内心的："我不认为我能坚持接送孩子。"但是内心深处，我又挺想培养孩子坚韧不拔的品质，显然我需要在这方面给孩子们做个好榜样。

　　一些起初看起来很有前途的事业没有发展下去，很多前景乐观的商业计划最终也都被扔进了垃圾桶，这些也都是因为坚持得不够久。

　　毅力，不是短期的爆发力，是对长期目标有持久的热情并能一直坚持下去。需要坚持的事情分为两种，一种是客观上必须要完成的事，一种是主观上自选要做的事。不管是哪种情况，要让教育得以为孩子探索世界和创造未来赋能，就必须要培养孩子坚毅的品质。2013年，美国宾夕法尼亚大学心理学副教授安吉拉·李·达科沃斯（Angela Lee Duckworth）在著名的 TED[①] 演讲大会上发表关于"毅力"（Grit）的演讲，迅速风靡全世界，演讲视频点击率高达1100万。根据她的研究，"毅力"甚至排在了智商、家庭收入或社交能力等成功因素之前，这点恰好印证了中国

---

① TED 是英文 Technology、Entertainment 和 Design 的缩写，即技术、娱乐和设计。它是美国的一家私有非营利机构，以其组织的 TED 演讲大会闻名于世，宗旨是传播一切值得传播的创意。

的一句老话：坚持到底，就是胜利。她在 2017 年出版的一本书中也提到，坚毅不是光傻傻地重复同一件事，而是在本身对这件事有热情的前提下的坚持与重复①，我的理解就是"两力一心"应以第一点"动力"为先，也就是说"动力"是"毅力"的燃料。这两者的关系可以用我们工作中的一句话来诠释，动力是"爱一样，干一行"，不然怎么说能做喜欢的事是非常幸运的呢？而毅力则是"干一行，爱一行"，这种热爱是从持续的行动中获得的。

这种近几年才被美国人意识到和强调的品质，自古以来就与中国人的学习生活密切相关。中华文化中，"毅力"一直是一种传统美德，从古人流传下来的诗句和文章中便能体会到，磨杵成针、水滴石穿、咬定青山不放松，这些语文课本里学到的、作文里都曾用到的好词好句到了现实生活中却总是受到"拖延症"和懒惰的挑衅，有时候还被它们打败。要知道，无论是多么美好的理想、优秀的创意，实现它的必经之路都需要有毅力相伴。

我有一位曾是全运会游泳冠军的女性朋友，她打破过亚洲纪录，还参加过奥运会，成绩就是她毅力最好的证明。然而，在退役以后，她自己很少再通过游泳获取愉悦感，坦言"就是不想游了"。长时间高强度的训练确实培养了她坚毅的性格，她也希望通过这件最熟悉的事情让她的孩子们得到长期的锻炼，于是她的孩子们也把精力投入了"一万小时定律"的训练中。妈妈的成功经验和资源固然很重要，如果能兼顾孩子的"动力"，则更有可能让美好的理想变成现实。

---

① Duckworth, Angela. Grit: Why Passion and Resilience are the Secrets to Success[M]. London: Vermilion, 2017。

体育心理学家告诉我们，在专攻一项运动以前，尝试过不同运动的运动员，发展会更好。因为早期的广泛尝试，能帮助运动员明确哪项运动更吸引自己，而没有经历过这个尝试阶段的运动员，虽然早期竞争可能优势明显，但后期倦怠的可能性会更大。

挫折和失败，是人生中不可多得的体验和经历。孩子遭受挫败时父母的态度很重要，而态度体现在你对孩子说了什么，做了什么。有的家长用的方法是刺激和打压，希望孩子越挫越勇，有的则是告诉孩子没关系，接受现实；有的家长选择和孩子一起渡过难关，有的则在适当的时候告诉孩子可以选择放弃。不管哪一种说法、做法，我们都需要结合孩子本身是否有"毅力"来进行选择。比如，偏"概括型"的孩子，当遭到打击时，首先会责怪周遭，在别人身上找借口，表现得比较情绪化，那家长就不能马上开始讲道理，或者在语言上刺激孩子，而是应该发挥同理心，先安抚孩子情绪，等孩子情绪平稳了再进行下一步。而偏"解析型"的孩子，他们会先从自己身上找问题，那我们做家长的，就需要让孩子知道，他们已经很努力了，我们应该帮他们适当卸下一些心理负担。

"我不知道""我不想做了""我完不成"，构成了缺乏毅力的人的"否认三连"，说出这样的话往往比付出时间精力去兑现承诺容易得多，这在偏"概括型"学习性格的成人、孩子口中都经常会听到。相比之下，毅力更容易在偏"解析型"的人身上找到，仿佛他们与生俱来就自带坚持属性，因为他们不介意重复，哪怕这些事情在偏"概括型"的人看来非常枯燥繁琐。

责任心

偏"解析型"和偏"概括型"的两类人都有"责任心"，只是偏"概括型"的人的责任心多因他人而起,而偏"解析型"的人的责任心多出于自我。还是拿创业为例,如果创业失败,偏"概括型"的人更在意自己在过程中有没有让合伙人失望,而偏"解析型"的人更在意最后的结果值不值得自己这样付出。

有一年,某国际知名手机品牌来中国做商业访谈。他们挑选了有6—18岁孩子的家庭作为访谈对象。令他们印象深刻的除了中国孩子作业量极多以外,还有就是几乎所有家长都提到希望孩子"自觉"。"自觉",这个在他看来几乎不可能由孩子自主达到的高要求高标准,中国家长却希望孩子天生就会。而"自觉"其实就是"责任心"的一种体现。

我们可以把"自觉"看作弗洛伊德人格理论里的"超我",它压抑了"本我"的快乐冲动,知道什么时候就该做什么事情。很明显,这对几岁,哪怕十几岁的孩子来说要求都是非常高的。有很多成年人在没有束缚的情况下也都很容易放纵自己的"本我"。只有稍微约束"本我",调节"本我"和"超我"之间的矛盾,才可能达到"自觉"的境界。

为了让孩子做到"自觉",并且从很小开始就具有"自觉"的意识,家长们容易运用一些不太恰当、事倍功半的高压方法。从亲子关系和孩子长远发展来看,其中有好些是有弊无利的速效法。孩子"自觉"不一定会得到奖励,父母认为这是应该做到的事,而如果"不自觉"就会遭到惩罚,那为什么要"自觉"呢?如果是因为害怕受到惩罚而主动控制自己的行为,严格意义上不能称之为真正的"自觉"。古人说"慎独",意思是在独处的时候也能保持自己高尚的道德标准和行为规范,而在培养孩子的旅途上,为了让孩子达到这一境界,家长显然需要更有耐心,并且分步骤地实施相关策略。

我认为，责任心教育应该渗透在孩子成长的每一天，因为这对孩子一生都意义重大。但现实生活中，孩子的责任心却非常容易因为父母的"好心"包办而在不知不觉中泯灭。当父母发现孩子缺乏责任心的时候，往往为时已晚。责任心的培养不是一朝一夕的事，需要家长在孩子成长的过程中好好规划和实施。

有一次家庭聚会，我们去表妹家看她的宝宝，刚吃完午饭表妹的妈妈就开始麻利地收拾，一边叨叨说我表妹"懒"。我其实挺为表妹打抱不平的，家长把所有的事情都不由分说地做了，不给孩子一点探索、锻炼甚至犯错的机会，凭什么埋怨孩子"懒"？如果孩子没有收拾过餐桌，不理解这其中要花的时间和精力，那他们怎么会珍惜干净的用餐环境，对环境的责任意识又从何而来呢？

在我家里，大小事务一直由我们四个人分工完成，孩子们从小就参与到力所能及的家务中，分工协作已经融入了我们的日常生活。当了解到大多数孩子不是偏"听觉型"学习性格这一事实后，我意识到家里的分工需要可视化，并且如果这个实现可视化的事能由孩子完成，效果会更好。

于是在大女儿二年级的时候，我请孩子们各自说出"哪些事是家务"，并把这些活罗列在纸上。接着，让家里最小的妹妹先选任务，并把她的名字写在那项家务旁边，然后是姐姐，然后是我，最后是爸爸，每个人选自己相对喜欢、擅长的事情。他们三个都不喜欢叠衣服，但是我非常喜欢这个工作，当我选这一项的时候完全没有人和我抢。最后分配完，请大女儿在另一张纸上誊抄一遍，所有人按照这份家务分配表执行。我和先生发现，通过这一举措，孩子们认识到了以下三点：

爸爸

- ♡ 做美味晚餐
- ♡ 遛狗
- ♡ 清洗厕所
- ♡ 倒垃圾

妈妈

- ♡ 打扫厨房
- ♡ 地面吸尘
- ♡ 拖地板
- ♡ 叠衣服

姐姐

- ♡ 把碗放进洗碗机
- ♡ 把衣服放进洗衣机
- ♡ 喂狗狗
- ♡ 保持书房整洁

妹妹

- ♡ 整理沙发
- ♡ 擦桌子
- ♡ 擦镜子
- ♡ 浇花

第一，家是所有人的家，所以家务应该是所有人的家务；

第二，每个家庭成员可以在相对公平的情况下选择自己喜欢的家务，以后还可以和其他家庭成员交换；

第三，孩子们和家长要尊重各自的劳动成果。

我把家务分配表发到微信朋友圈以后，女儿的班主任看到了，说给了她很大启发，在班级里设置小岗位也可以这么弄。于是，她让小朋友们把可以想到的小岗位都一条条写在黑板上（还发现孩子们创造出了很多"就业"岗位），然后她把学号写在小纸条上搞成抽奖的形式。由班主任先抽一张纸条，纸条上学号所对应的这个孩子可以优先选择任意一个喜欢的岗位，把自己名字写在黑板上的岗位旁，然后由这个孩子抽取下一位同学，以此类推。这个有趣又刺激的"抽岗位"法，使日常任务分配显得更公平，实现了班级日常管理的制度化，而孩子们也知道了这一学期"自己选的岗位任务，含着泪也要完成"。

孩子的责任心培养不易。有时候，家长会不自觉地搞"破坏"。有一个选择了"班级图书管理员"的孩子，她的家长某一天清晨在班级家长微信群里@①了所有人，让大家带好图书。不难看出，家长本意是希望帮助孩子完美地完成任务，并期待其他家长让各自孩子配合他孩子的工作，但显而易见，这个举动破坏了孩子的主动性，人为地减少了孩子犯错误的机会，低估了孩子解决问题的

---

① 指在微信群中通过输入 @ 这一符号选择需要提醒其查看消息的人。

孩子连手机都能无师自通，那这些一定也不在话下。

能力，也阻碍了孩子责任心的培养。

就这件事我和孩子们讨论了一下，如果她们是图书管理员，遇到有几个小朋友总是忘记带书，她们会怎么办，该怎么办呢？

大女儿说："我可以给每个不带书的小朋友发一张白纸，上面写'明天我会带书'，然后请这几个小朋友签字。放学的时候把这张纸再放在他们铅笔盒里，当他们回到家做作业的时候就会看见纸条，然后可以把书放到书包里。"

小女儿说："我会去问他们，书包里最喜欢的是哪样文具，然后先拿来给我，等明天他们把书带来学校了，我再把文具还给他们。"

这两个方法是否有效可行暂且不论，孩子之间的问题首先由孩子开动脑筋去解决，他们亲历过才会慢慢体会什么是"责任心"，这比"直升机爸妈"越俎代庖来得有趣和有意义得多。

环境需求

最有力量的记忆是和情感相连接的记忆。

如果你们家的书房是温暖、有趣、吸引人的，那就会增加家人进入这个空间的频率和概率。我们小时候的学习环境条件有限，很多人家晚饭后一擦桌子，饭桌就成了写作业的书桌，拥有专门用来阅读的小沙发和琳琅满目的图书简直是奢望。我的整个小学阶段都是在客厅学习的，虽然面积不大，但是妈妈为了让我能在自然光下学习，特地把书桌搬到了窗边，还允许我边听 walkman（20 世纪 90 年代流行的便携式磁带播放器）边做作业。我确定她当时肯定不知道什么学习性格，现在想来，那时候她对我可谓非常宽容。

在参加阅读认证培训师培训时，有一位美国的同学分享了她的经历。她 12 岁时便发现家里的浴缸是她最喜欢的阅读空间，当她高中学习第二语言时，浴缸也是最能令她集中注意力的地方。后来她去读大学，因为学校宿舍没有浴缸，所以每次复习迎考时她都要回父母家躺在她最爱的浴缸里准备期末考试。由此可见，家长

精心布置的书房并不一定能真正让孩子集中注意力，孩子应该自己探索属于自己特有的理想学习环境。

通过观察、实践和查找相关资料，我发现家庭学习空间在这九个方面可以作出相应调整，它们是光线、声音、温度、空间布局、色调、气味、自然元素、同伴、食物。

在很多家庭，书房仿佛就只为孩子学习而存在。当家中尚未有学龄期孩子或孩子上了大学以后，这些书房可能作为保姆房、祖辈房甚至家庭仓库。如果书房唯一的使用者，或使用频率最高的人是孩子，而在这个书房里盯着孩子做作业的大人在刷手机或无事可干，那孩子就会自然而然地觉得成人以后是不用学习的，这显然不是理想的状态。其实，倘若家里无法辟出一间独立的房间作为书房，那也不必苦恼，可以从一个区域甚至一面墙开始改造，也可以丰俭由人地打造适合自己家庭氛围的学习空间。

在开始注重并调整学习空间硬件的同时，也一定不要忽略书房的软实力，那就是人。我们也需要了解孩子在社交性上的需求，孩子喜欢独处还是喜欢同伴？小时候需要的同伴可能是师长，长大了是同学和朋友。

两年前，我帮一款软件做过一次青少年家访，访谈的重点是现在的孩子做作业的时长和内容。那是八个年龄在 13—18 岁的孩子，其中有五个一回到家就会习惯性地打开社交软件，一边做作业一边和同学聊天或讨论作业。这让我这个 80 后家长感触良多，这一方面说明无论在什么年代大部分孩子都有强烈的社交需求，尤其是青春期的孩子，只是我们小时候没有手机，没有网络，通常是去同学家一起做作业或者煲电话粥；另一方面，这也让我对自己两个孩子今后进入青春期可能会出现的状态有了心理准备。

作为家长，显然关注最多的就是自己家的孩子，通过这一章的内容我们不难看出，所有孩子都有自己的天赋。倘若家长能早一些了解自家孩子的学习性格，那会是孩子最大的幸运。虽然小朋友们在幼儿时期差异没有那么明显，但家长还是能通过学习和观察孩子来挖掘孩子的潜能，帮助他们日后脱颖而出。

不管我们的孩子是哪种类型，家长需要做的不是尽全力改变他们，让他们变成我们希望他们变成的样子，而是无条件地接受他们本来的样子。

当有朋友在为孩子焦虑时，也会把这种情绪传递给我，我焦虑的不是自己孩子上不上名校，而是看到这些家长作为孩子最亲近的人，却因为不了解孩子天生的学习性格或没有找到最合适的培养方法而拔苗助长，让孩子变得灵性全无。我经常被一些家长问到哪里可以找到好的一对一老师，帮助他们尚在幼儿园的孩子补这个补那个，而我往往希望家长们花一点时间学习一些学习性格方面的基础知识，在了解孩子的特性以后再作决定，而非头痛医头，脚痛医脚。 在我看来，没有好好地了解孩子就草率地把希望寄托在某一个老师、某一种方法或某一套教材上，这样短时期内可能有效，但是从长远来看，则大大增加了孩子厌学的概率。

只有在知道自己孩子的短板和强项以后，才能有的放矢地去扬长补短，而不是盲目跟风。 在下一章我们会教大家运用一些小工具去鉴别孩子的学习性格，以便探索适合不同类型孩子的教材和方法。

3

你的孩子属于哪种学习性格？

世界上最远的路，是抽象知识进入孩子大脑的路。设置合情合理的目标才能促进孩子进步。

在职场上，如果我们想做到行业的前 20%，可以靠外力去逼一逼，但如果想做到前 5%，一定需要"真正喜欢"，就是不给钱也会去干这件事，当然，如果幸运的话，这个"真爱"还能挣钱。同时，要成为前 5%，天赋也很重要，这个天赋其实就是我们这本书中所说的"学习性格"。现在的问题是，很多家长不肯承认天赋上的差异，比如有些家长会说："我们家孩子很聪明，就是考试会粗心大意。"那事实是什么呢？可能这个孩子是偏"概括型"的，平时对细节没有那么在意，对反复的练习又觉得枯燥无味，练习的量没有上去，整体的时间管理、分配不够科学，导致在做作业和测试时常常发生明明会做，却做错的问题。

在前两章中我们已经讨论了观察并获知孩子学习性格偏向的重要性，本章我们就来介绍一些实操性更强的环节，让爸爸妈妈能学以致用，尽早尽快了解孩子、帮助孩子。

我们先来回顾一下学习性格的公式，然后从思维、感官、情感、环境这四个方面来为大家——揭晓谜底。

学习性格 = 思维 + 感官 + 情感 + 环境

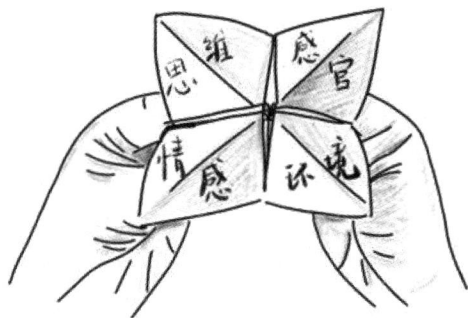

思维上：孩子偏"概括型"还是偏"解析型"？

好的家庭教育首先是轻松幽默的，以易被孩子接受的方式进行，如果父母动不动就把学习抽象化、目标化，那孩子会不自觉地感受到来自家长阅历和年龄上的压迫感，从心理上产生距离。我们不妨用一些和孩子实际生活息息相关的小测试，邀请孩子参与其中，把本来晦涩难懂的"学习性格"理论，代入孩子生活场景，让孩子通过思考和实践来了解自己。

首先我们打开折纸"东南西北"的"思维"这一边，一起去探究一下孩子是偏向"概括型"还是偏向"解析型"吧。

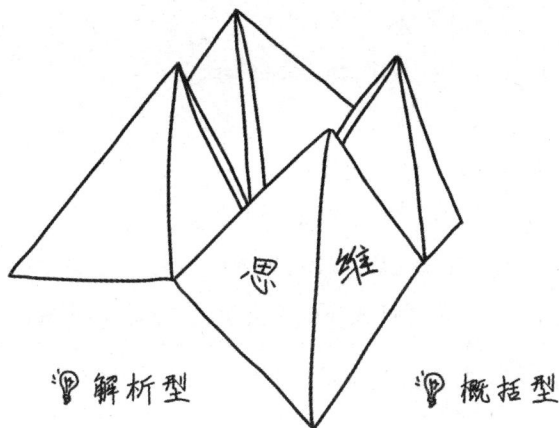

家长观察表／小测试

以下每项描述前有一个小方格，如果符合请打勾，如果不符合请不要打勾。家长也可以先自己测试一下，只需要把所有"学习"换成"工作"，把"师长"替换成"领导"即可。

现在请你拿出一支铅笔和一块橡皮，通过你对孩子的观察完成下面的测试题，如果孩子本人已经可以独立完成这个测试，请让他们自己勾选答案，尽量不要过分解释题目意思，避免家长的主观解读影响孩子判断。做完以后也可以用橡皮擦掉，给其他家庭成员测试。在这个过程中，孩子也会意识到，哪怕是在同一个生活环境里朝夕相处的人，在感官感受上也会有这样和那样的差异。

☐ 1. 我通常基于感觉而非信息或数字去做决定。

☐ 2. 当我解释一件事情时，不需要通过动作和表情，单靠语言就可以说清楚。

☐ 3. 我喜欢同一时间段做很多不同的事。

☐ 4. 噪声让我分心。

☐ 5. 学习时我经常需要停下来休息。

☐ 6. 我很享受从海报、照片或模型中获取信息。

☐ 7. 即使很吵，我也能完成任务。

☐ 8. 我喜欢在很明亮的地方学习。

☐ 9. 我需要在安静的环境下学习。

☐ 10. 当师长清晰地告诉我指令，并且很具体时，我感到容易做到。

☐ 11. 我做事比较冲动。

☐ 12. 在学习的时候我不喜欢吃东西、喝东西。

☐ 13. 我觉得长时间坐在一个地方很困难。

☐ 14. 我能很快完成作业。

☐ 15. 当我学习的时候，噪声很容易影响到我。

☐ 16. 隔壁班的同学，比起他们的脸，我更能记住他们每个人的名字。

☐ 17. 学习时，我经常喜欢做小动作。

☐ 18. 我喜欢老师检验我的学习成果。

☐ 19. 我喜欢和小组或一位伙伴一起学习。

☐ 20. 我喜欢整理我的学习用品，清楚记得东西放哪儿了。

☐ 21. 我喜欢有背景音乐的学习环境。

☐ 22. 说起做作业我就很有动力。

☐ 23. 我不喜欢在特别明亮的地方学习。

☐ 24. 我喜欢在学校里成绩好的感觉。

☐ 25. 我会忘记完成作业。

☐ 26. 当我开始做一件事，我就想把它做完。

☐ 27. 我可以从师长的语气里听出他们的情绪。

☐ 28. 我喜欢同一时间段只做一件事。

☐ 29. 比起坐在书桌前学习，我更喜欢坐在沙发上半躺着学。

☐ 30. 我喜欢一口气把一件事做完。

☐ 31. 学习新知识时，我希望老师先讲一个相关的故事导入。

☐ 32. 我喜欢成绩好让家长开心的这种感觉。

☐ 33. 我不喜欢师长给我很多指令。

☐ 34. 我更倾向于基于事实、数据来帮助我做决定。

☐ 35. 我喜欢把指令写下来，这样方便我之后查看。

☐ 36. 我喜欢坐在书桌边或在图书馆、教室里学习。

☐ 37. 隔壁班同学，比起他们的名字，我更能记住他们长什么样。

　　□ 38. 我可以在一个地方坐很长时间。

　　□ 39. 我不太在乎奖励贴纸或证书。

　　□ 40. 我会想一想后果再去做一件事。

　　□ 41. 当我说起什么事情时，总是手舞足蹈。

　　□ 42. 我喜欢独自学习，不喜欢有同伴。

　　□ 43. 我的书桌有时候看上去很乱，但我知道每样东西在哪儿。

　　□ 44. 我可以很好地理解字面意思，但背后的意思不一定知道。

观察／测试结果分析

　　现在我们把勾选的单数题目的数目加一下，再把勾选的双数题目的数目加一下。单数题目代表偏"概括型"的学习性格，而双数题目则代表偏"解析型"的学习性格。每题 1 分，如果两个分值接近，则说明偏向性不是那么明显，反之说明比较偏向某一种学习性格。

　　如果测试的结果是孩子偏"概括型"，那么他们可能经常会提出这样的问题：

　　　　我为什么要做这个？

　　　　我为什么还要做一遍？

　　　　我可以等会再做吗？

　　　　学了这个能对我有什么帮助？

　　　　这个知识和我有什么关系？

我想休息一下。

妈妈，几点可以吃饭？

偏"概括型"的孩子在学龄前和小学低年级非常常见，他们活泼又善变，有丰富的想象力和很强的可塑性。但是在学校培养学习习惯和打知识基础的时候，这些看上去"自由散漫"的孩子有时让人头疼。

如果测试的结果是孩子偏"解析型"，那么他们可能经常会提出这样的问题：

我用哪支笔写？

考试会考这个吗？

什么时候交？

可以再给我一些时间吗？

我应该先做什么？

你就是这样做的吗？

你觉得这个怎么样？

做到哪里算做完了？

我做不好会怎么样？

有一些偏"解析型"的孩子，家人在其两三岁时就能感觉到他们的执着，会认为这孩子"犟得很"。孩子在成长过程中，确实会有一个追求"完美主义"的阶段，之后有的孩子会慢慢不那么执拗，可有一些会愈发固执。这些偏"解析型"的孩子很容易养成良好的学习习惯，他们能适应高强度、快节奏的学习生活，但是更容易焦虑，担心自己"不够好"。

不同思维类型的对策

回想一下拍过的照片你是怎么整理的？大部人仍然存在手机里，较少的人会把照片倒到电脑、移动硬盘里，更少的人会有定时整理云端或硬件里的照片的习惯，这也说明大部分人偏"概括型"。研究发现，85% 以上的孩子在小学高年级以前都更偏"概括型"。既然已经知道了这个比例，我们作为家长就应该思考，如何给予自己孩子更多支持和理解。

世界上最远的路，是抽象知识进入孩子大脑的路。

作为老师，尤其是学龄前和小学低年级的老师需要知道，从概率学的角度看，自己所教的孩子中有很大一个比例的孩子是偏"概括型" + "触觉／动觉"型，他们需要的是所谓的"全人教育"法（holistic），这对老师就有教学方法多样性的要求。大部分的孩子，尤其在小学高年级以前都是偏"概括型"的，他们在学校的教育体系里有时候会不适应，需要家长推一把。偏"概括型"的孩子最常问的是"为什么"，即"我为什么要做这件事？"而偏"解析型"的孩子的脑子里是"just do it"（做就是了），他们需要的是"告诉我怎么做"，最擅长的是完成老师和家长布置的任务。

另一个有意思的现象是，很多选择老师这个职业的人是偏"解析型"的，他们不少人在学生时代就是学霸，认为自己学得好，就能教得好，实际上"学得好"和"教得好"是两码事。我们走进学校开展教师培训时，通常在讲学习类型以前也会让老师们做一个关于他们自己的学习性格的测试，我们发现，除了艺术、体育类的老师，其他学科老师测出来大多是偏"解析型"的学习性格。

一般而言，学龄前和小学低年级教材里解构类的知识偏多，偏重碎片化知识的累加学习，而所谓"打基础"都是非常抽象的，文字是抽象的，字母是抽象的，数字是抽象的。举个例子，语文学科的拼音和偏旁部首，数学学科的乘法口诀，英语学科的自然拼读，这些知识偏"解析型"的孩子学起来毫不费劲，如果这孩子同时又比较擅长视觉或听觉学习，那一定有学习委员或语数英课代表的潜质。而这些内容对于偏"概括型"、偏"概括型" + "触觉 / 动觉"型的孩子来说就很难了，要花上很多的力气才能赶上偏"解析型"的孩子，因为他们不一定能马上理解老师所讲授的内容和运用的方法。

这就要求教育者有强大的包容性和想象力，去了解和理解不同孩子的思维和行为，然后挑战自己，尝试以各种方式来满足课堂里坐着的学习性格迥然不同的孩子们，这也是我们在做教师培训时经常强调的。

在家校共建关系中，家长不能改变老师的教学方式和理念，但是至少可以在自己孩子小的时候观察他们，并到了小学高年级学习性格定型的时候让孩子意识到自己的特点，扬长避短，或者有意识地培养自己欠缺但是现实生活中必须具备的素养。要知道，日常工作的教学任务让很多老师没有额外的时间和精力去了解班级几十个孩子每个人的学习性格，如果家长能对孩子多一些了解，就可以帮助老师给予孩子个性化的关怀和指导。

每一类型都有优势弱势，而且偏"解析型"和偏"概括型"的极端情况的概率很低，比如说很需要社交的孩子不一定喜欢说话，也可能是喜欢热闹，不喜欢独处，那就偏"概括型"一点；而有的偏"解析型"的孩子并不反感社交活动，但更偏爱独处，这些都是有可能的。问题是我们家长有没有尊重孩子本来的性格。如果我们去逼一个社交型的孩子独立做作业，学习时不能说话，不能乱动，那就是违反了孩子的天性。相反，如果我们逼一个不喜欢社交的孩子"去交朋友呀"，"去和这个外教说话呀"，那也是不合适的。

　　举个例子，同样是让孩子不要在泳池边奔跑，当家长面对偏"解析型"的孩子时，可能只需要说一句"泳池边很滑，不要跑"，单刀直入即可；但这句话对大多数偏"概括型"的孩子效用不大，他们还是会控制不住跑起来。这里有一个小技巧是偏"概括型"孩子的家长可以通用和百试不爽的，那就是提前告诉孩子可能产生的后果，但注意不要过分夸大严重程度。但是更好的办法是让孩子自己去思考因果关系并用他们自己的话说出来，如果他们还太小无法预知结果，那家长就要让孩子看着你的眼睛，然后清晰地告知他们后果，帮他们把因果关系建立起来，这样才能让偏"概括型"的孩子稍微认真地审视自己的行为。

　　设置合情合理的目标才能促进孩子进步。不少孩子容易因为师长定的目标太大而无限放大自己完成的难度，并且说一句"我不会""我不知道"远比迎难而上容易得多。比如，在培养良好的学习习惯的过程中是存在反复的，尤其对于偏"概括型"的孩子而言，而良好的学习习惯所带来的好处他们需要花几个月甚至几年才能慢慢意识到。他们比较随性，不容易按照步骤来，因此家长在设立目标的时候，除了告诉孩子远方那个完美的目标以外，还需要给孩子多设置一些触手可及的阶段性小目标，而这些小目标串连起来会帮助孩子获得持续的成就感。别小看每一小步，积少成多，在一定时间的积累之后，可以和孩子一起与以前进行对比，让孩子看到自己的进步，这样孩子就不会有"永远无法达到父母的要求"

的负面感觉。孩子们的心都是柔软而脆弱的，他们因为爱父母，所处非常愿意努力达到父母为他们设定的目标，可很多孩子却得不到父母的肯定和鼓励，这确实令人难过。

给偏"概括型"孩子父母的建议

＊让孩子选择一个他们喜欢的学习场所（记住，不一定是你喜欢的）。

＊营造互动式学习氛围，家长要有代入感。

＊引入新知识时，让背景知识更有趣并和孩子本身生活发生关联，由宏观到微观渐进式引入。

＊给孩子一个大的目标时间节点。

＊提供趣味性强、多样性化的学习材料，给孩子一定的选择空间。

＊把大的学习任务拆分成一个个阶段性的小任务。

＊允许孩子有时开开小差，做做小动作。

＊尽量给孩子发散思维、自由创作的机会。

＊把学习内容尽量往孩子知道的、体验过的事情上靠。

＊多给孩子看到讲解者丰富的表情和肢体语言。

＊用生动幽默的方式（可以是语气幽默，也可以是内容幽默）举实例并提供图示。

＊允许孩子的书房某一个区域是乱的，但是学习结束后需要收拾干净。

＊当孩子学习有困难时，要充分表达共情。

＊尽量把需要孩子了解的内容可视化，比如写给孩子

看，或让孩子写下来。

*在孩子想偷懒、放弃的时候，及时给予鼓励支持。

*避免喋喋不休和负面指责。

*给孩子奖励。

给偏"解析型"孩子父母的建议

*在家里尽量给孩子一个独立、整洁、固定的学习场所。

*营造简单安静的学习氛围。

*引入新知识时，让知识点更具条理性、逻辑性，由微观朝宏观渐进式引入。

*把时间节点细化。

*清楚地告诉孩子学习内容的结构、可实施的步骤和方法、可期的目标，重规则，并多以公式和表格表示出来。

*不要给孩子太多选择。

*尽量直接表达意思，避免说反话或语带双关。

*理解孩子有时候有些强迫症。

*提前告诉孩子计划，让他们有充足的心理准备。

*在孩子纠结的时候给出你的意见，协助孩子做决定。

*在孩子已经表现很好却还在怀疑自己的时候，给予肯定。

*避免喋喋不休和负面指责。

*对孩子要宽容，以疏导为主，防止其因过于追求完美而钻牛角尖及产生焦虑。

*多给孩子奖励。

感官上：孩子偏"视觉型""听觉型""触觉型"还是偏"动觉型"？

大家都坐过飞机，起飞时空乘人员会演示如何使用氧气面罩，同时播放视频和音频指导，这样既能丰富"视觉型"学习者的感官体验，又能满足"听觉型"学习者的需求。如果能让"触觉或动觉"学习者拿在手上摆弄一下，甚至在身上实际演示一下，那就几乎能覆盖到所有人群。但是毕竟机舱里不方便大家起立操练，机舱内提供每人一个氧气面罩模型也不现实。在很多学习情境中，如果你的孩子比较偏向于后两类学习类型，他们其实更需要我们作为观察者和监护人的帮助。

让我们来打开学习性格"东南西北"折纸的"感官"这一面，感官上学习性格分为四种，即"视觉""听觉""触觉"和"动觉"。

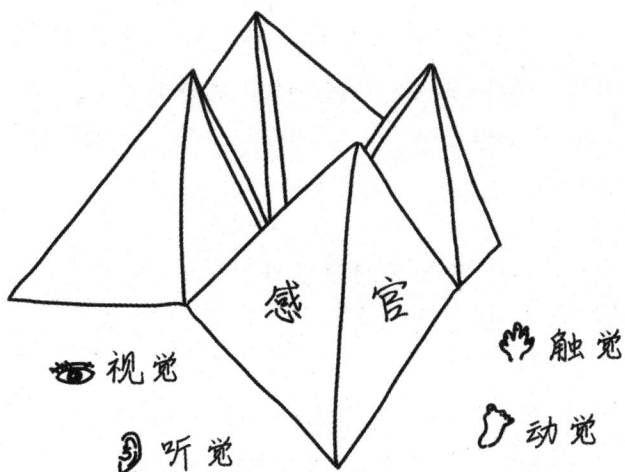

我们可以让孩子做一份简易家庭测试表，它由美国国家阅读学会的玛丽·卡尔博（Marie Carbo）博士于 1976 年设计，笔者根据中国读者的实际情况作了一些调整。

家长观察表／小测试

以下每项描述前有一个小方格，如果符合请打勾，如果不符合请不要打勾。

现在请你拿出一支铅笔和一块橡皮，通过你对孩子的观察完成下面四个小测试，如果孩子本人已经可以独立完成这个测试，请让他们自己勾选答案，尽量不要过分解释题目意思，避免家长的主观解读影响孩子判断。做完以后也可以用橡皮擦掉，给其他家庭成员测试。在这个过程中，孩子也会意识到，哪怕是在同一个生活环境里朝夕相处的人，在感官感受上也会有这样和那样的差异。

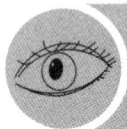

鉴别视觉感官敏感度测试

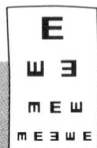

11—13 分　敏感　　9—11 分　较敏感

5—8 分　　一般　　0—4 分　　不敏感

（每一题计一分）

☐ 1. 能看懂指示文字或图片并作出反应。

☐ 2. 能将 4—6 幅漫画按照故事发展顺序排序。

☐ 3. 看一串数字几次以后能记住。

☐ 4. 能集中注意力看文字、图片、视频 15—30 分钟。

☐ 5. 当视线内有一个令人分心的事物时，仍然能集中注意力。

☐ 6. 在需要通过视觉集中注意力时，不会看其他地方或揉眼睛。

☐ 7. 看到文字标示或别人名字几次以后就能记住。

☐ 8. 有了图片的辅助对相应文字记忆更加深刻。

☐ 9. 读名称、短语不会颠倒顺序，比如不会把"依偎"看成"偎依"。

☐ 10. 能区分字和字之间的细微差别，比如能区分"侯"和"候"。

☐ 11. 看书时不会串行。

☐ 12. 能轻易区分不同色彩。

☐ 13. 不需要别人讲解和演示，就能看懂说明书或指南。

鉴别听觉感官敏感度测试

12—14 分　敏感　　9—11 分　较敏感

5—8 分　　一般　　0—4 分　　不敏感

（每一题计一分）

□ 1. 可以听懂指令。

□ 2. 可以口头重复听到的短语或句子。

□ 3. 听几遍就可以记得住一串数字。

□ 4. 听几遍就能记住一首儿歌、一段旋律。

□ 5. 听长句子也可以理解。

□ 6. 对曾经讨论过的事情印象深刻。

□ 7. 能使用恰当的词和句型说话。

□ 8. 可以集中注意力听故事或讲座15—30分钟。

□ 9. 在有噪声的情况下也可以听歌、听故事。

□ 10. 相比阅读，更喜欢听故事。

□ 11. 可以区分乐器声音、口音，并能模仿。

□ 12. 不太能忍受噪声。

□ 13. 学习自然拼读或拼音非常快。

□ 14. 喜欢把文字、数字、音符等读出来。

鉴别触觉感官敏感度测试

12—14分　敏感　　9—11分　较敏感

5—8分　　一般　　0—4分　　不敏感

（每一题计一分）

□ 1. 喜欢涂鸦涂色。

□ 2. 喜欢搭模型、缝纫、编织等手工劳动。

□ 3. 在按键几次以后就能记住一个电话号码。

□ 4. 手工劳动时可以集中注意力 15—30 分钟。

□ 5. 握笔姿势非常正确。

□ 6. 书写文字、数字、字母适中，没有过大过小。

□ 7. 书写文字、数字、字母时能留有合适的字间距和行距。

□ 8. 书空几次便能记住写法。

□ 9. 抄写能帮助理解和记忆。

□ 10. 玩闪卡能帮助理解记忆。

□ 11. 摸到实物才能记住它们的名字。

□ 12. 打字能帮助理解和记忆。

□ 13. 喜欢用手去触摸和探索。

□ 14. 喜欢玩自己的头发、手指等身体部位。

鉴别动觉感官敏感度测试

10—12 分　敏感　　7—9 分　较敏感

4—6 分　　一般　　0—3 分　不敏感

（每一题计一分）

□ 1. 走路、跑步时节奏感强，擅长球类运动。

☐ 2. 运动时能集中注意力 15—30 分钟。

☐ 3. 在实践以后能记住舞步、动作、游戏玩法或方向。

☐ 4. 身体很灵活。

☐ 5. 容易记住在旅行中看到的标志、物体。

☐ 6. 只有自己参与表演排练和演出才能记住台词。

☐ 7. 通过做实验能更好地理解一个概念。

☐ 8. 能通过想象或演示来记住某个词或某件事。

☐ 9. 无法站或坐在某个地方太长时间。

☐ 10. 全身或身体某部位动起来的时候思维更活跃。

☐ 11. 全身或身体某部位动起来的时候思路更清晰。

☐ 12. 看电影更容易记住情节和主人公的情感。

观察／测试结果分析

现在请数一下每一项感觉敏感度测试的得分，然后对应敏感程度来评判学习性格的偏向性。比如，如果视觉感官敏感度测试得11 分，那么属于视觉敏感；听觉感官敏感度测试得 9 分，那么属于听觉较敏感。

不同感官类型的对策

给偏"视觉型"孩子父母的建议

对待偏"视觉型"学习性格的孩子，有一个大原则，就是让他们用上眼睛，然后再配合耳朵、嘴巴和手脚。

＊传达信息和知识时，让孩子看着你的眼睛。

*好记性不如烂笔头，即使出门玩，也可以让孩子带上纸笔，随时记下看到的有用信息。

*让孩子用便签纸把事情写下来，并且贴在屋子各个显眼的地方。

*让孩子做好课堂笔记，写下关键字，建立起视觉记忆。

*和老师沟通，尽量安排孩子坐在教室前排看得清黑板的地方。

*教孩子使用思维导图来总结繁杂的信息。

*教孩子制作列表。

*鼓励孩子做读书笔记。

*多让孩子看教程视频。

*多让孩子使用记忆卡片。

*教孩子用高亮彩笔画出课本或者笔记中重要的部分。

偏"视觉型"学习者擅长和不太擅长的作业、考试方式

擅长	不太擅长
写文章、做图表、看地图、PPT 展示、看图说话	听和答、即兴辩论、脱稿演讲、表演

bddbdbdd

bddbdbbd

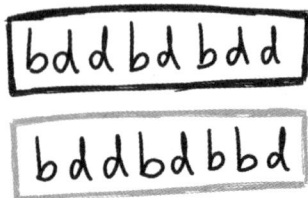

它们一样吗？A. 一样　B. 不一样　C. 没看清，不知道
（计时10秒）

"东南西北"学习性格测试感官题之一

问：我孩子二年级了，b和d还是分不清，考试时总是错。

答：虽然没有办法改变教材和老师习惯的教学方法，但我们作为家长至少要了解自己孩子的特点，因为不是所有孩子的学习性格类型都是一样的。

容易混淆字母b和d的孩子很可能天生就不是偏视觉敏感型，可能会偏听觉、触觉或动觉敏感。用抄写的方法其实可以帮助一些触觉敏感的学习者掌握两者的差别。

如果观察发现孩子自然拼读学起来不费劲，偏听觉敏感，那就要让孩子说出"b右圈""d左圈"，让孩子记住他自己说出来的这个规律。也可以运用已经学到的知识，比如你说"bed，就像一张床"，因为孩子可以读出来，所以就可以用 bed 这个单词去记 b 就是 bed 的第一个字母，是床头，d 就是 bed 的最后一个字母，是床尾。

如果孩子是偏"动觉"的学习性格，那可以让孩子记忆 b 的时候用手指指右边，记忆 d 的时候用手指指左边。老师和家长要不断尝试，开动脑筋想一些巧记的联想办法和小游戏，帮助孩子找到他们最擅长的学习方法，让孩子不被眼前的小小困难打败。

给偏"听觉型"孩子父母的建议

对待偏"听觉型"学习性格的孩子，有一个大原则，就是让他们用上耳朵和嘴巴，然后再配合眼睛和手脚。

＊让孩子用"磨耳朵"的方式学习语言，比如听音频、CD 等有声读物。

＊如果是纯文字的学习材料，尽量帮孩子找到对应的音频或让孩子自己朗读出来。

＊重复记忆时可以让孩子闭上眼睛。

＊让孩子口头提出问题。

＊让孩子使用词语联想法记忆。

＊让孩子看视频，而不是纯文字。

＊多让孩子参加小组讨论。

＊可以让孩子听录音笔记，比如录下讲座，回家再听一遍。

＊避免声音干扰孩子学习。

偏"听觉型"学习者擅长和不太擅长的作业、考试方式

擅长	不太擅长
听力考试、基于讲座的笔试和口试、默写、即兴辩论、演讲、听指令做动作	阅读理解等缺乏声音交互的书面考核

东南西北小课堂

问：我的孩子总是把老师和家长的话当耳边风，左耳朵进，右耳朵出，怎么办呢？

答：这种情况在很多成人身上也会发生，并不是孩子才有。当这种情况发生的时候，输出信息的一方应该首先放下对收听方的指责，因为偏"听觉型"学习性格的人在人群中比重较小，所以对方非常有可能对听到的内容并没有那么敏感。

当我们在给孩子讲道理或者一件事情的时候，最好的

办法是讲几句以后马上问他，爸爸妈妈刚才说了什么，以这种方式让孩子主动去强化自己的听觉注意力。否则我们把语言组织得再好，讲得再有条理，孩子也可能只是把我们的话当成了背景音乐，他们只是看到爸爸妈妈的嘴巴在动，并没有关注到语言的实际内容，也就无法领会家长想要表达的意思。

除了让孩子们复述以外，还有一个办法就是家长将想要说的内容"可视化"。比如，让孩子将我们安排的事写在家庭公共日历或他们自己的日程安排表上，或者当我们讲解题目时候，找一张草稿纸，把语言信息写出来或画出来，再让孩子自己说一遍、写一遍或画一遍。

我们还可以用纸笔来帮助孩子把听到的和想说的落在纸上，比如让孩子在听演讲的时候把演讲者的逻辑按照他们的理解写下来，这对之后写作和辩论也很有帮助。在家里，我们可以和孩子共同来讨论一下各自认为的"好习惯"，由孩子做笔记，并一起就笔记内容加以讨论、分析，强化家庭活动的效果。

东南西北小课堂

问：我的孩子听音能力很好，听到一段旋律能准确哼唱甚至弹出来，但是不愿意跟着琴谱弹，弹得好的都是他背出来的曲子。

答：擅长听的孩子拥有的与生俱来的天赋，请一定珍视，并让他们觉得自己这点非常特别。很多小朋友钢琴考级的级别很高，可以像打字一样准确无误弹奏琴谱，"用眼睛弹琴"而不是"用耳朵弹琴"。如果你的孩子恰好是偏"听觉型"学习者，那我们可以在平时生活中鼓励他们把听到的优美旋律写下来，然后弹奏出来，形成联系，或者反过来，先演奏出来，再写下来，让他们拥有一本属于自己的"音乐手账"。

同时，也需要和钢琴老师沟通一下孩子的学习性格特点，争取让老师也能多想办法，调整教学方法，给予孩子更多的选择，而不是把所有时间都花在识谱、练手形上。如果等到基本功完美了才往后面教，很可能让本来对音乐有兴趣的孩子因为教学方式不对路而厌学，捡了芝麻丢了西瓜。

给偏"触觉／动觉型"孩子父母的建议

对待偏"触觉／动觉型"学习性格的孩子，有一个大原则，就是让他们用上肢体，同时配合眼睛、耳朵和嘴巴。

＊传达信息和知识时，让孩子看到你的动作。

＊帮助孩子建立模型。

＊让孩子多练习技术。

＊运用丰富的例子进行说明。

＊鼓励孩子多模仿，找感觉。

＊鼓励孩子多动手实践。

＊孩子学习汉字和英文时，除了让他们抄写、临摹外，还可以让他们在手机或电脑键盘上打出来。

＊孩子遇到不理解的问题时，鼓励他们写下来，多用写字、打字的方式表达心情。

＊鼓励孩子做一些力所能及的、机械式的家务，比如吸尘、洗碗等，这些让身体动起来的活动也有利于他们大脑思考。

＊允许孩子坐不住的时候站起来或走动几下。

＊理解孩子的小动作，比如玩头发、抠鼻子、剥指甲等，是他们无意识的动作，善意提醒，让他们的双手忙其他事情，别让手闲着，这样他们就不会一直做这些小动作了。

＊告诉孩子在课堂上不能大幅度移动身体时可以找其他方式动一下身体，比如坐着拉伸一下脖子、做两下扩胸运动，在不影响其他人的情况下转几下脚踝。

＊通过玩游戏棒、打牌等桌游学习学科知识。

偏"触觉／动觉型"学习者擅长和不太擅长的作业、考试方式

擅长	不太擅长
多项选择题、简短定义、完形填空题，写毛笔字、打字、建模等手工作业	背诵、作文、阅读理解、听力考试、辩论等需要大量学术准备和基础的考核

东南西北小课堂

问：有一些涂色或小报制作作业，非常花时间，我恨不得帮孩子做。

答：呈现知识掌握情况的途径不仅仅只有书面考试一种，涂色和画画，排版制作小报，甚至课本剧、音乐剧都是。当孩子在不断吸收知识时，我们当然希望用多种方式去让不同学习性格的孩子表达出来，让师长和他们自己意识到他们到底懂了多少。

作为作业的一部分，虽然做小报等被不少人认为是浪费时间，但是这些方式可以强化孩子对抽象概念的认知，是一种必要且意义深远的教学巩固方式，尤其对于学龄前和小学低年级的孩子，是一个不可多得的练习机会，因为他们在绘制过程中大脑在做"内容＋形式"的规划，为高年级通过 PPT 等电子形式进行展示奠定了很好的基础。

那如果孩子在做小报上花太多时间导致来不及做其他作业，怎么办呢？一方面，老师可以把这类作业布置成周末或假期作业，不要求隔天就交，给予孩子充分构思和想象的时间。另一方面，家长也可以给予适当引导和帮助。

偏"解析型"学习性格的孩子小报会做得一丝不苟，思路清晰，如果框架已经在纸上，他们很擅长根据思路去填充内容，但面对一张白纸，他们多半会不知所措。有时追求完美这个特质也就会让他们擦掉重写已经写得很不错的字。而偏"概括型"的孩子在时间充裕的前提下是很愿意做小报这类原创性作业的，但他们通常一边构思一边直接落笔，不满意了擦掉重来。结果可能纸被擦坏了，或者留下印迹，既影响小报的呈现效果，影响创作的思路和心情，又会导致时间控制不好。

这时候，家长可以给孩子准备一些草稿纸，教孩子一些简化符号或关键字，让孩子先把脑子里的内容框架在草稿纸上简单画出来，然后跟家长讲讲想把小报做成什么样子。这样可用最短的时间把想法可视化，并用语言呈现，对整体效果满意了再做成成品，可大大节省苦思冥想而不得其解以及不得不返工的时间。

东南西北小课堂

偏"触觉／动觉型"学习性格的孩子肯定不是最坐得住的孩子，但是一定是集体里最愿意挺身而出的，无论是在家里帮助爸爸妈妈做家务，还是在学校帮助老师和同学，他们都特别愿意付出。如果你的孩子也是这样的，当他们做了半个小时或一个小时作业以后，应该让他们起身活动一下。 可以因地制宜花几分钟跳绳、做仰卧起坐, 或是做一件简单的家务来调节一下, 当然在开始以前也需要家长和孩子协商好具体做什么和持续多长时间。 脑科学家温迪·铃木 (Wendy A. Suzuki) 在《锻炼改变大脑》①中指出, 运动可以令孩子专注力加强, 并且有效增强记忆力。 孩子在运动的过程中活动了肢体, 身体的能量得到了释放, 他们可能在帮妈妈拖地的过程中思如泉涌, 之后能更好地回到做作业的状态。

情感上: 拥有"两力一心", 孩子学习起来轻而易举

在基本了解孩子的思维和感官两个方面以后, 我们来看看情感上, 也就是心理上孩子们的学习发动机是否有力, 是否能成为"永动机", 以及是否有意愿让学习成为他们一生的追求。

现在让我们打开"东南西北"的情感这一面, 情感部分包括两个"力", 即动力和毅力, 以及一"心", 即责任心。

---

① [美] 铃木, 菲茨帕特里克. 锻炼改变大脑 [M]. 黄珏萍, 译. 杭州: 浙江人民出版社, 2017.

不同思维和感官类型的孩子缺乏"两力一心"怎么办？

家长们看到这里好不容易大概了解了孩子的思维和感官特质，却在心理上找不到情感的力量，一定还是会很无助。事实上，无论是动力、毅力还是责任心，都是可以后天培养的。除了反社会型人格障碍患者以外，大部分的孩子和成人内心深处都有向上的一面。作为家长，我们应该做的就是在保持亲子关系健康的大前提下，用言行去激发孩子的心理潜能，这需要智慧和家庭教育技巧。

对于偏"概括型"的孩子，我们要：

· 解决疑问。

· 分解大任务。

· 不断肯定和鼓励。

解决疑问

"为什么要学这个"，"为什么还要做一遍"，这些畏难倦怠情绪往往会令偏"概括型"的孩子们纠结不已。一旦第一个"动力"症结没有解开，后面的"毅力"和"责任心"也不会长久。

在心智和体格尚无法正面抗衡家长的年纪，孩子们往往只能屈服，按照家长的意思去做，等到了青春叛逆期，孩子和家长都不得不为之前没有捋顺的亲子关系买单，甚至造成更大的鸿沟。这显然不是一个融洽的学习型家庭所应该呈现的状态和结果。

首先，每个家庭都有其认可的价值观，在对待学习的态度上也是不一样的。我们生活在真实社会中，而非游戏和动画片里。如果能经常把社会新闻、身边发生的故事和孩子讨论，并在讨论中互相交换看法，让孩子了解做任何事都有动机，让孩子从小就明确学习的目的是助己助人，在一定思想高度上构建对学习本质的认知，那么，他们就会知道学习的好处，从而慢慢培养毅力和责任心。

分解大任务

当偏"概括型"学习性格的孩子获得了内驱力，那接下来就需要找到"既然选择了就要做到底"的毅力和"既然选择了就要努力做好"的责任心。

我们如果能在一开始就出手，用语言配合眼神和简单的动作，帮助他们把任务拆分成小份，再制订一个可行的时间规划表，就能避免动力满满的孩子因为感到任务"巨大"而受挫。

"你看这个大工程可以分成很多小步骤，而每一步你都是可以做到的"，"这些大师都是台上一分钟，台下十年功"，这些"大道理"如果每次都是配合了孩子的见闻展开，就要比絮絮叨叨的"车轱辘话来回说"有效得多。

不断肯定和鼓励

成人世界里，也经常有这样的情况，明明知道自己几斤几两，但是总有这么一些情商很高会说话的人能发现我们自己都忽略的点并赞扬我们，不论对方是真心的还是恭维，我们都会满心欢喜。

孩子也一样，甚至更需要我们把一些大人觉得"小孩子就应该这么样"的点挖掘出来，并及时进行表扬。世界上不缺少美，缺少发现美的眼睛；世界上不缺少有优点的孩子，缺少能慧眼发现孩子优点并马上给予肯定、鼓励的家长。哪怕是同一件事，昨天孩子还没做到，今天做到了，家长就应该表扬孩子，当然这还不是很难，更难的是明天孩子继续做到，家长还能接着表扬。

　　我回家比较晚或出差的时候，我先生会时不时告诉我孩子们的进步，我就会记在微信对话框里，然后把回家见到孩子需要马上"补上"的表扬关键词输入进去，并把先生和自己的对话框置顶，这样只要打开最常用的社交软件，我就能看到对话框并及时补上表扬了。孩子们已经受到爸爸的表扬，等妈妈回家还能再得到一次夸奖，这个效果就会加倍，她们会认为爸爸妈妈的评价标准是一致的，都没有对自己的努力视而不见，这样就能产生更好的家庭关系和"两力一心"源泉。

　　对越是小的孩子表扬越要具体，对越是大的孩子表扬越要频繁。除了语言表扬，肢体的表达也很重要。肢体的接触往往容易被忽略，一个用力的拥抱表示全然接受和放下，一个俏皮的亲吻（哪怕是隔空做个动作）显示出家庭关系轻松活泼，一个爽朗不扭捏的击掌代表肯定。

　　偏"概括型"的孩子还有一个明显的特点，就是更情绪化，当某一点被触发，他们往往无法在短时间内控制自己的情绪，会有愤怒、沮丧等情绪化的表现，并进入恶性循环。我们常说"爸爸妈妈为你好"，但只有把这个"好"具体化，动之以情、晓之以理，才能打动偏"概括型"的孩子。他们一旦感觉被爱了，能量就会聚集和迸发，他们心情平稳的时候所爆发出来的正能量非常大。吝啬肯定和过度打压非常容易激起偏"概括型"孩子的叛逆情绪和行为。

　　对于偏"解析型"的孩子，我们要：

· 让他们看到愿景。

· 告之清晰步骤。

·要激励，更要理解。

对于偏"解析型"的孩子，因为他们问的不是"为什么"，而是"怎么做"，关心的也是任务框架、时间节点和结果，那我们就应该通过分析他们的特质，帮助他们找到适合的路以走得更远。

让他们看到愿景

清晰的目标就是偏"解析型"学习者的动力，所以制订学习目标是他们的刚需。只不过我们往往容易把目标"投喂"给孩子，而不是让他们自己去寻找确定。你可能会问，孩子怎么可能给自己设定学习目标？那是因为你作为家长没有帮助孩子设定过任何目标，或者把学习这件事简单地和学校教育画上了等号。

平时生活中，我们可以时时刻刻强化孩子的"规划意识"，小到每一天每一周的任务清单、时间安排表，大到学期目标、每长大一岁我的目标。有意识地和孩子开展头脑风暴，先有初步的计划概念，然后可以自制或采购辅助工具，帮助孩子把聊出来的计划可视化。小一点的孩子用画画记录，大孩子可以用文字、数字记录。你可能会觉得这个方法很像幼儿园老师给小红花，其实不然。这个方法的不同之处在于，小红花是老师给出的奖励，规则、评判标准也都由老师决定；而在家里，我们面对的孩子数量不多，完全可以把这个主动权交给孩子，毕竟完成任务的主体也是孩子，所以让孩子成为制订目标的主体更能推动和激发他们的"两力一心"。

当孩子取得阶段性胜利，会发自内心地为自己的付出感到自豪，这远超达到师长设定的标准所得到的心理满足。所以让孩子自己设立小目标，万一实现了呢？在实施的过程中，偏"概括型"

孩子的家长可能更要有耐心。我的建议是尽早开始，放手让孩子去够一下他们自己设定的小目标，积极给他们心理暗示，不要给太多压力，这样在孩子到学龄时，他们便有惯性和方法去帮助自己达到各项目标。

告之清晰步骤

偏"概括型"学习性格的孩子喜欢自己探索，偏"解析型"学习性格的孩子则更希望得到清晰的分解步骤，让他们对整个过程有可控感和安全感，那家长就应该用孩子感官擅长的方式来展示。如果是偏"听觉型"的孩子，那就把步骤说给他们听；如果是偏"视觉型"的孩子，那就把过程写下来或打印出来贴在他们能看到的地方；如果是偏"触觉／动觉型"的孩子，那请他们听写或抄写下来，并让他们把写下来的文字念出来。

要激励，更要理解

偏"解析型"学习性格的孩子对自己要求本身就很高，会把"要坚持不让自己掉下来"的压力施加在自己身上，那我们家长需要做的，就是帮孩子们卸下重担，轻装上阵，告诉孩子挫折的不可避免性和对人生的意义，并慢慢塑造这一类型孩子终身的自我激励机制。偏"概括型"学习性格的孩子如果成绩不好或做错事，情绪来得快，去得也快，并且擅长找"借口"为自己开脱，"还有比我更差的呢"，"但是我已经比上次好了"，顺着这样的"台阶"很容易调节自己情绪；而偏"解析型"学习性格的孩子对一次两次没有做好会耿耿于怀，也会非常在意周遭对自己的评价，因为他们对自己的定位是建立在他们量化的肯定之上的。

父母如果能意识到孩子偏"解析型"的学习性格特点，经常给予孩子认可并保持同理心，久而久之，孩子才有足够的底气进行自我激励。

积极性的发挥，取决于能力和动力，能力差不多的条件下，如果没有激励，动力会减少，而能力的发挥很大程度上跟动力有关。当孩子们认为我们足够走近他们，愿意去了解他们的学习性格时，我们实际上就激发了孩子的内在动力，随之他们就有了一股强大的力量，催促着自己朝既定的目标加速前进。

环境上：家庭学习环境的改造秘籍

正向情感激发学习热情，负面情绪引发愤怒和恐惧。这一点在设计学习环境的时候要特别关注。通过运用前面章节的方法，或观察或讨论，我们已经大概圈定了自己孩子的学习性格范围，并且让孩子也了解了不同学习性格的特点，那第二步就可以共同讨论怎么让孩子通过爱上学习空间而爱上学习这件事了。请记住，让孩子参与讨论和规划本身就会让他们有被重视的感觉，觉得自己是家庭的一分子，一旦自己的一两个建设性意见被家长采用，自豪感和与这个空间的联结感就会自然产生。

几乎每一次家长工作坊或家庭深度访谈，我们的破冰游戏都是给每个大人、每个孩子一张白纸、一些彩笔加一些提示，请大家画出心目中最理想的阅读环境。

有时候夫妻两人共同前来，他们会说："我们俩画一张就可以了。""那怎么行呢，你是你，她／他是她／他啊！"即使是夫妻，各自的喜好也不尽相同啊！

　　最后果不其然，经常丈夫画的是坐在沙发上边喝咖啡边阅读，而太太则画了一个吊床，上面坐着她和孩子。

　　其实，这个环节是一次特别好的促进互相了解的机会，尤其是每个小组进行组员分享的时候，人们在述说自己需求的同时也在拓展自己的视野，意识到别人和自己的不同，并试图去理解和接纳。

来自家庭访谈和家长工作坊的作品展示

　　一开始让大家画的时候，大人一般都会比较拘谨，我告诉他们，这不是画画比赛，而且没有对错，画画只是一种表达，然后我会给一些例子，这样大家就开始张开想象力的翅膀，放心大胆地作画。当然，也有被画画这件事难住而临时上网搜怎么画画的人，我往往会鼓励他们改用文字描述，认真阅读了前文的读者也一定可以马上推测出，这些不太擅长用图像表达自己的人可能更偏"解析型"学习性格。

　　下面我们来一起欣赏一下部分作品吧。

煦煦（5岁）："我喜欢躺在床上，听爸爸给我讲故事，同时灯光要亮亮的。"

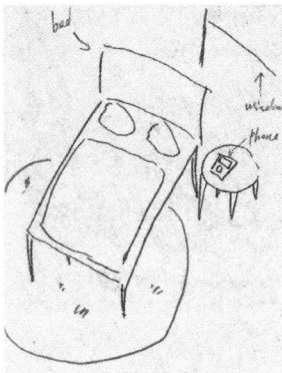

煦煦爸爸（33岁）："戴着耳机听听音乐，躺在床上，希望有人在身边，不容易困，也不会孤单。"

Jenny（8岁）："洗手间是我最喜欢的阅读场所，因为没有人会打扰我。"

Summer（11岁）："我喜欢在树林里躺着看书。"

Chad（9岁）："我喜欢躺在卧室的床上看书，吹着空调，很凉快。我喜欢在月光下裹在被子里看书。"

Yoyo（10岁）："有个很大的灯，也开了小夜灯，有个小箱子放读书要用的东西，书柜里有很多书，还有小毯子。这是我，我喜欢穿着芭蕾舞鞋读书，可以边读书边跳舞。旁边开着大窗户，如果正好看关于大自然的书，我可以往窗外看。"

Yoyo爸爸（50岁）："午后阳光洒进来，我以最舒服的方式窝在沙发里面。放一些怀旧歌曲，八九十年代的那种，声音小一点，这样时间很容易过去。室温20摄氏度最舒服，最好是下雨天，打开台灯，躺在床上看书。"

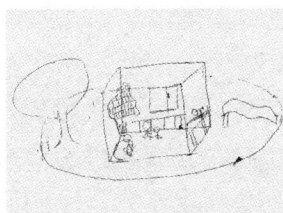

Bella爸爸（33岁）："在大的玻璃阳光房里，有书架书柜，大大的软软的沙发，一家四口坐在一起安静地看书，旁边还有小朋友的游乐设施。"

Fanny（7岁）："有一张干净的桌子，桌上只有一本书，在温温暖暖的环境中看书。"

圈圈（8岁）："我喜欢在按摩椅上看书，灯从身后照过来，再放点音乐。也可以是晚上，有个书架，有个小窗户，开着空调。"

katy（8岁）："躺在床旁边的地毯上，很凉快，放着音乐。"

小的笃（14岁）："有一张大桌子，我喜欢一边读书一边吃小点心，喝喝茶，听音乐，桌上还放一些绘画工具，这样能让我心情很好。"

笃妈（41岁）："阳光下，在自然环境里，喝着咖啡、红茶或红酒，如果是下雨天，最好有个小船，停在池塘边。"

于妍（38岁）："我喜欢大自然，也喜欢美食，所以最好在和室外互通的空间，墙上有一整面的书柜，按我的愿望分类，并根据不同主题摆放整齐，还有一些喜欢的书随意散落在周围供我挑选。"

龚金（39岁）："我内心简单，受不了乱糟糟，就喜欢开着台灯，坐在沙发上，一边听着轻音乐一边看书，旁边的家具最好是浅色的。"

Annabel（10岁）："我喜欢在书堆里一个人读书。我特别喜欢读书，每天读好长时间，导致我的眼睛已经近视了。我现在每天读一小时，如果没人叫我停，我可以一直读下去，所以定了闹钟，每隔20分钟提醒我休息一下。"

球球（5岁）："我喜欢在山顶上看书，可以看到很漂亮的风景，风也很大。"

Bella（4岁）："好多好多书，我的爸爸妈妈和我一起，我有一个耳机。"

欣赏过这些大人、孩子的画作以后，你是否也会静静思考一下你本人喜欢的学习空间呢？从这些画作来看，虽说元素各不相同，但共性也是显而易见的，那就是让自己的身心放松。身体舒服了，各个感官需求都满足了，大脑会启动学习模式，关注所需要关注的事物。

由于家长工作坊不要求全体家庭成员都要到场参加，我们就建议大家画好带回家，让没有画过的家庭成员也试试看，再花15分钟开一个家庭内部的分享会，交流和分析一下每个家庭成员的相同点和差异，帮助家长了解孩子、孩子了解父母、配偶之间互相了解。这个小活动实施起来非常简单，经常有家长会给我们反馈，说通过这个小活动，他们意识到了家里的公共空间可能比卧室这样的私密空间更需要得到重视，并重新设计了客厅和书房，加入了以前没有考虑到的元素，这些好消息都令我很开心。

在为孩子们设计加强版阅读手账时，除了考虑到内容和小问题要符合孩子的年龄和关注力等特点外，我们特别糅合了"阅读环境"，并且把它放在了第一页的位置，还专门留出了爸爸妈妈画他们理想的学习环境的空间。这样每次孩子在做读书笔记的时候，翻开第一页，就能会看到爸爸妈妈的画作和自己的画作，就这样一个小小的改变，令所有孩子都大为惊喜，我们也意外地发现这增加的环节有这么大的力量！由此可见，让孩子喜欢上使用阅读手账的不一定要靠卡通的版面，关键是让他们感觉到在阅读这件事情上，爸爸妈妈和自己是站在一起的，爸爸妈妈画的阅读环境赋予了阅读一种独特性。这也给了孩子一种心理暗示：阅读是有温度的，另外，我的爸爸妈妈是多么的可爱，瞧瞧他们的画就知道了。

九大环境因素，令大脑轻松学习

NRSI（National Reading Styles Institute，美国阅读方式研究所）2009 年的报告显示，阅读困难的孩子通常更偏向于"非正式"的学习空间，让他们长时间坐在硬板凳上听讲，只会让他们一门心思想逃离，上课效率低下。如果这些孩子的老师了解学习者性格的各个要素，花一些心思在教室设计和布置上，将大大帮助各种类型尤其是低龄孩子在教室里有效学习。这当然是理想化的情况，目前也只有 NRSI 示范学校才会融入这样的要素到教室设计中，打造示范图书馆或阅读互动教室。

作为家长，显然无法参与学校的规划，但我们完全可以请所有家庭成员挑个时间画出或者写出自己理想的学习空间，然后大家共同商量沟通。你是否问过孩子，他们感觉学习效率是早上还是晚上更高，他们是否需要动来动去才能学得进去，或他们是否需要动手实践才能记得住？

家，是最温暖和柔软的存在，虽然并非人人都是设计师，但是每个人或多或少都可以表达和加入自己的喜好，哪怕就一到两个元素。如果没有把家庭成员的喜好元素具体地告诉设计师，那很可能设计出来的公共空间千篇一律：书房有一排落地书架、书桌和台灯，客厅放电视、茶几和沙发。每个家庭成员都是家的主人，而

主人的精神要怎么体现呢？接下来我们来看看如果重新规划设计家里的学习空间，有哪些元素需要纳入考量。

光线

　　学校的教室一般采用长长的日光灯，照明且提神。办公室常常使用冷光灯，让员工不知疲惫地工作下去。不同的光线能产生不一样的效果，比如有一些需要提升高级感的店铺往往使用白炽灯，再加上射灯辅助，干净利落地突出要呈现的昂贵商品；而咖啡馆或餐厅则多采用暖光灯，让人自然而然有像在家一样放松的感觉。在访谈中，有的孩子喜欢"亮亮的灯"，而有的大人则喜欢在雨天读书，觉得太亮的灯晃眼。哪怕是读电子书，我们也惊奇地发现通常女士们喜欢略暗的屏幕，觉得这样眼睛舒服，而大部分男士则把电子设备的屏幕调到最亮。

　　回忆一下，去餐厅吃饭的时候，你是否更愿意选择靠窗的位子。如果是，那不妨把学习的位子也往窗户或阳台的方向挪挪。

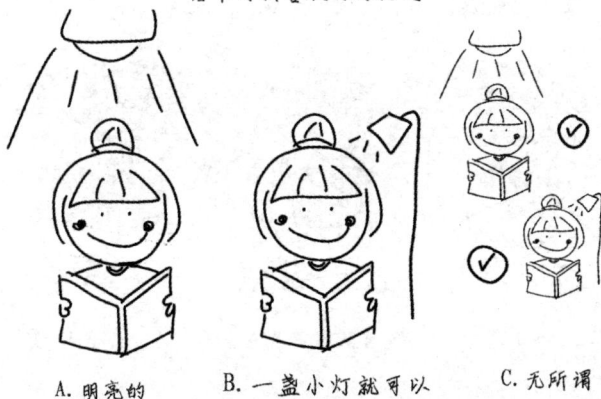

看书时我喜欢的灯光是

A. 明亮的　　　　B. 一盏小灯就可以　　　C. 无所谓

在给学校做教师培训时，我们通常会鼓励老师们先"诊断"一下每个孩子的学习性格，再让他们画一画自己喜欢的学习环境。如果孩子的学习性格里有"动觉型"这一特点，在他们的画作里也有靠窗、自然光线（如太阳光）等元素，那么，当他们无法在传统课堂中随意移动身体时，可以让这些孩子尽量坐在靠窗的位子，这样他们的视野里有自然光，他们能更放松，偶尔可以开个小差，通过看一眼窗外来调剂紧张不安甚至排斥学习的情绪。关键还在于，把这个决定用共情和商量的方式告诉该孩子，让他们明白老师为他们调整座位的良苦用心，这样可能达到意想不到的效果。

如果孩子对光源很敏感，也可以选择 LED 灯条，装在家具边缘，或者隐藏在边缘反面，这样既可以起到弱化照明的效果，又能提供让眼睛舒适的光源。

如果孩子对光源无所谓，那在做"学习性格测试"光源选择那项的时候他们可能就会选择 C，如果是这样，那你也不用太纠结学习空间的光线元素。

集中注意力时，我喜欢

A. 一个人　　　　B. 旁边有声音或音乐　　　　C. 无所谓

声音

国际通用语言考试中一般都有听力部分，以前我担任雅思监考官时遇到过这种情况：由于考试多安排在周六上午，而有的大学旁边有居民区，可能有人结婚会放鞭炮。虽然进行听力考试的教室大多隔音效果不错，但是保不齐有的考生就会因对噪声相当敏感而影响考试发挥。所以每当这种情况发生的时候，我们监考官需要第一时间停下 CD 并记录播放的题号。生活中也有一些家庭在孩子做作业的时候，家长就看"哑巴电视"，其实也是因为一些孩子容易受到声音干扰。有些人在述说理想的学习环境时，会特别加上背景音乐的部分。结合前面章节的内容，我们就不难判断，那些容易受到声音、噪声影响的人很有可能是偏"听觉型"学习者，而非"听觉型"学习者可能根本不会注意到这一因素。

声音的高低和种类也会产生不同影响。常见的声响有自然声响（风声、雷声、动物叫声等），人为声响（说话声、哼唱、吵架等），机械声响（冰箱震动、空调外机、吸尘器、乐器等），语言类声响（相声、新闻、演讲、歌曲等），纯音乐类声响等。

偏"听觉型"学习者在人群中本身不占大多数，所以当你有一个这样听觉敏感的孩子，很可能会忽略他／她对声音的需求。如果他／她平时容易受到声音干扰，那请你为他／她准备一副儿童耳塞，教他／她佩戴耳塞，让他／她能更有效地集中精神。请注意要选择合适孩子耳朵大小的耳塞。

对于听觉不那么敏感的人来说，则可以通过实验的方法，去试探自己对声音的容忍程度，以找到最适当的音量和类型。以下是我们家四口人的声音需求表，供大家参考。

家庭成员	喜欢的音量大小	学习工作时喜欢的声音类型	休闲时喜欢的声音类型
爸爸	5	歌曲	歌曲、新闻
妈妈	4	纯音乐	纯音乐、歌曲、哼唱
姐姐	6	讲故事	讲故事、歌曲
妹妹	5	不要有声音	讲故事、自然声响

温度

人对温度的感应是不一样的。同样开着空调，可能丈夫仍然汗流浃背，睡觉时甚至不需要薄被，但妻子却盖着被子瑟瑟发抖。冬天的话，如果盖厚厚的鸭绒被，可能妻子感觉正好，但早上起来丈夫那侧的被子几乎可以挤得出水来。我有个同事妻子的外号叫"冰激凌"，特别怕热，在夏天她为了能"让身体多吸收一些凉气"每次都把空调温度开得很低，这样"可以让自己外出的时候晚几分钟出汗"，而她的先生就经常冻到流鼻涕。

由于孩子新陈代谢速度快，并且"一刻不停"地在动，他们的

我喜欢的房间是

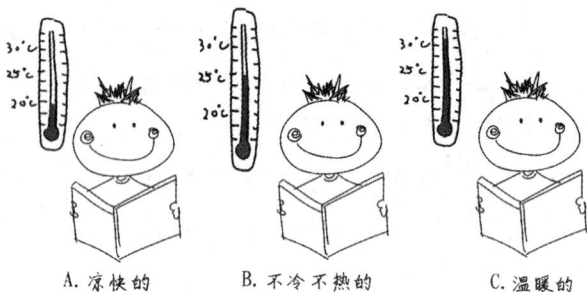

A. 凉快的   B. 不冷不热的   C. 温暖的

体温通常比成人高一些。而中国家长尤其是老人忌凉，老感觉自己体寒并畏寒，所以他们要求孩子每时每刻穿着袜子，不可以把袜子脱掉！所以才有一种冷叫"妈妈觉得冷"。每次看到游乐场里有孩子穿着好几层衣服，家长时不时打断孩子玩耍，叫他们过来换隔汗巾，我就在想：热了，把外套或毛衣脱掉不就好了吗？

随着经济的发展，以及营养知识的普及，再加上注重锻炼，孩子的体质普遍好起来了，对温度变化也适应也得更好了。那么，在家庭环境设计中如何满足每个家庭成员对温度的不同需求呢？

有了温度这个意识，那当你发现孩子的画作里有"三个空调对着她吹"、需要坐在"凉凉的小竹椅子"上、"喜欢被子裹着我"时，就能清晰地发现孩子给你传达的信号。而如果她的需求和其他家庭成员不一样，那就大可在他们的阅读区域放置一个固定或可移动的小风扇或小油汀，也可以问问他们是不是更愿意把可移动的懒人沙发或地毯移至通风口或暖气边。

在学习性格测试中，也有几题是关于温度的，孩子们也会根据自己的喜好程度来做选择。

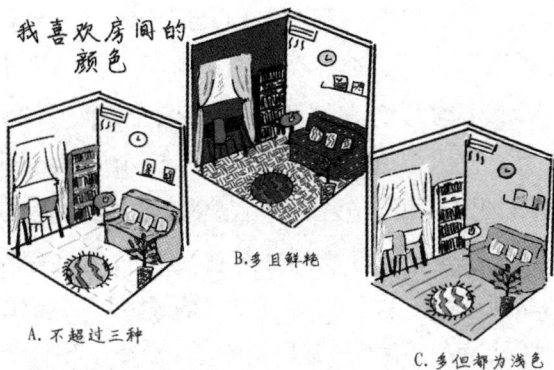

我喜欢房间的颜色

A. 不超过三种

B. 多且鲜艳

C. 多但都为浅色

空间布局

家居设计是门学问，有的人喜欢密集热闹，有的喜欢"性冷淡风"，有的人喜欢地中海格调，有的人喜欢"小清新"。除了风格以外，空间的利用也是不可忽略的一大要点，简而言之就是，在哪里放什么，要不要放。

一个家庭中，房子面积并不一定会随着孩子长大而长大，而孩子的东西却会随着长大越来越多，所以收纳很重要，但怎么收纳更重要，因为收纳决定了空间的利用率和其他可用空间的大小。在前面章中里我们知道了偏"解析型"和偏"概括型"学习性格的区别，偏"解析型"的人喜欢看上去非常整洁，而偏"概括型"的人即便也认为整洁非常必要，但是动力不足，所以空间看上去比较散乱。再一次强调，这和人的智商没有直接关系。偏"解析型"的人在家里空间布局上可以多参考偏"概括型"家庭成员的建议，并试图理解他们的随意性，而偏"概括型"的人也应该去配合偏"解析型"的家庭成员所特有的心理需求，找到平衡点，让每个人都能在家里感到舒适。

孩子长大的过程中，家庭的重心也会慢慢转移到新的关注点上。大部分孩子和成人都喜欢新鲜感，记得我大女儿小时候有一本绘本叫《找不同》，这是她 2—3 岁时最喜爱的一本书。某一天我把客厅角落的大型植物搬到阳台上让它多晒点太阳进行光合作用。她幼儿园回家第一句话说的就是"妈妈，我'找到不同'了，大树搬家了！"我马上表扬她非常有观察能力，她也很自豪，觉得自己的眼睛简直就是"发现生活中的美的眼睛"。从那以后，我会有意识地换换桌布，调整一下地毯位置，添置一个小件家居用品，让孩子们享受"找不同"的过程和结果。

色调

色彩学研究属于美学范畴，是其重要分支。第一个把色彩学这个概念带进中国的是于西蔓女士。她于 1998 年归国，愿景是"让中国人美起来"，除了人，她也提倡关注环境的色彩以及色彩心理学对人的影响。家庭中色调色块的选择体现了主人的个性，颜色饱和度的高低、色块图案间的排列和比例直接影响了整体感。有个朋友终于有了一套属于自己的房子，选择了墨绿和大红为主色调，她母亲直接问她：这么闹腾，你们晚上能睡得着吗？

如果家庭成员里有特别喜欢某种颜色，而其他人直接或间接表现出不悦，那就应该尽可能避免大面积使用这种颜色色块，但可以在不影响整体协调性的情况下用这颜色作点缀。好些家长甚至是设计师喜欢在孩子的房间用各种饱和度都很高的颜色做装饰，而且每种颜色占比也很均衡，就因为他们觉得孩子的童年就应该是"五彩缤纷"的。

审美观或许应该被列在三观（价值观、人生观、世界观）之后，成为教育中必不可少的第四观，从孩子童年起就开始培养审美，进而为孩子追求"美"的人生赋能。

除了空间，学习材料的色彩是否对人的学习状态有影响呢？NRSI 通过几十年的实验、研究指出，色彩可以对学习困难的孩子起到一定的帮助或反向作用。一位美国的 NRSI 认证培训师的双胞胎哥哥有阅读障碍，而她到了小学的时候才惊奇地发现哥哥看到的世界和她看到的是不一样的：哥哥看到的字都有两个影像，所以他无论如何都无法看清楚学习材料。幸运的是，一次偶然的机会，哥哥的同学送了他一个玩具，就是那种纸质的玩具双色眼镜，两个镜片是不同颜色的透明塑料膜，他戴上以后竟然发现他看到的字比以前看白底黑字清晰了一些。从那以后，他的父母就给他购买好了几种大块的透明色彩膜，除了认字得到改善，他也感受到了父母对他与众不同的宽容。好在他在小学时就得到了这样的支持，不然周边世界对他的偏见可能会影响他一生。

有一些孩子对色彩很敏感，对美天生就有一种独特的感知力，那在布置家庭学习空间的时候就可以不按照类别分类，不用像图书馆和书店一样，中文书放一区、外语书放一区、文史类放一区、生活类放一区，可以试试看按照书皮的颜色让孩子分类，增加整理书房和阅读的乐趣。

气味

也许你会觉得，布置书房还要考虑气味，那这个书房真的太矫情了。气味由于其不可视性，往往会被忽略，人们只有在特定场合或特定活动时才会对气味加以重视，比如在厕所里喷空气清新剂，比如约会或晚宴前喷香水等。

对房间里的气味，

A. 我没那么敏感。　B. 我不太在意，但如　C. 我很敏感，讨厌
　　　　　　　　　　　果是我喜欢的味道　　难闻的味道。
　　　　　　　　　　　那就太好了。

　　有一次参加综艺节目，其中一位嘉宾是芳疗师，那是我第一次听说芳香还有疗愈功能。原来古埃及时就有人开始研究利用植物萃取的芳香精华来治疗身心疾病。且不讨论香味是不是真有治疗作用，起码好闻的味道能使人心情愉悦。但每个人喜欢的气味不一定一样。比如我特别喜欢香菜、西瓜、咖啡的香味，孕吐严重的时候我会马上打开家里的咖啡豆罐一顿猛吸，这能让我好受些。而我的小女儿喜欢所有花的香味，并且可以通过气味来分辨品种，水果里她偏好柠檬，所以有时候我在家点蜡烛或精油香氛，她会指定要柠檬味儿的。

　　如果视野上舒坦了，鼻子里吸进去的味道也是"同样的配方，熟悉的味道"，那心情就会无比愉悦，干什么事情都有一股内在的力量。当然，气味是一种附加因素，如果对某种气味产生了强烈依赖，比如某一天我女儿说"没有柠檬味我看不下去书"，那可能是时候给她介绍其他气味了，或者告诉她，这次选择"你喜欢的书房"的味道，下一次就要把选择的机会留给其他家庭成员。

　　我们可以利用一顿晚饭的时间，问问彼此喜欢的味道，尝试在家里的公共空间里使用，然后看看每个人的喜好程度。另外，如果你知道了配偶喜欢的气味类型，快递一个香氛机或空气清新剂到他／她的工作单位，让他／她的工作环境也有了爱的味道，这也不失为一个小惊喜哦。

自然元素

我读大学时一度对庄子特别着迷，着迷于他放眼于自然界的哲学观念，而不像儒家仅着眼于人世间的道义守则。后来我参加了一个英国老师关于 Mindfulness（正念减压法）的讲座，翻译老师把这个词解释为"正念"，我听下来觉得和庄子提倡"天地与我并生，而万物与我为一"这个理念很相近。人与自然一向是一种互生共存的状态，也因此很多人在理想的阅读环境、学习空间的画作中加入了海边、绿化、轻风这些元素。

经常可以看到朋友圈里有朋友晒让自己心情美美的插花和绿

走进这样一个房间，

A. 我会注意到小花小草。

B. 我不太关心有没有小花小草。

C. 这里的小花小草会让我特别想待在这里。

植，下面通常会有一连串点赞，可见大多数人对可爱的自然之物有着发自内心的喜爱，如果你也是这样的人，或者发现孩子或伴侣的画作中有自然元素，那就可以考虑用他们喜欢的方式去装扮书房和客厅，比如悬挂与自然有关的或有自然图案的装饰物。

除了人以外，动物也是自然界不可缺少的一部分。在我工作的时候，我的狗会跑过来，一个倒地靠在我腿边撒个娇然后入睡，也有朋友有在家边看电视剧边撸猫的习惯。

总之，喜欢自然的人本身就一定是热爱生活的人，画作上出现了什么自然元素，就是在提醒你，是时候把它们添加到家庭中来啦！

同伴

为什么同一张卷子，孩子在学校里花 40 分钟就可以做完，带回家则要拖拖拉拉做整整一天？为什么在家长眼皮子底下，孩子做作业的效率尚且可以，但房间门一关完成作业就遥遥无期了？古人说"慎独"，这对于小朋友来说太难理解和做到了。房门一关我就可以玩橡皮和橡皮屑了，时间是什么，跟我有关吗？而如果家长这时冲进房间，那多半是要抓狂了。

如果这种情况在你的家中也有发生，那说明你的孩子在学习的时候需要一个或一些同伴。同伴可以是同龄人，也可以是家长。

那么究竟学习或阅读的时候，家长要不要坐在孩子身边呢？其实，从很多孩子画的"理想阅读环境"中，家长是可以发现一些端倪的，也可以通过观察、询问甚至做实验的方式来寻找答案，同时要知道，人的喜好也会随着年龄的增长和生活方式的更新而变化。

上幼儿园之前，我的小女儿就能自己从书架上找绘本安安静静

对于玩耍，我

A. 喜欢出去玩，
喜欢跟很多小朋友玩；
认识或不认识的都可以。

B. 喜欢跟认识的小
朋友玩，在家、
出去玩都可以。

C. 喜欢自己玩，
喜欢和大人玩，
也喜欢和小朋友
一起玩。

地看，不论她有没有拿倒书，她都不会要求在做家务或工作的我坐在她旁边陪伴，但这并不代表她不喜欢和同伴一起学习。当有需要亲子共读的作业或者有超出她能力范围的书籍，她会爬到我身上，坐在我腿上，要我用双手围绕着她，让我和她共同面对这本书。而我的大女儿则对同伴的要求非常高，既要是真人，又要不乱动以及不会发出很多声响影响她。当我们发现她学习效率低下时，我建议大女儿自己设计一个做作业时旁边能不能有人以及哪里是做作业的最佳地点的实验方案，她把她能想到的五个选项都列了出来，实验时间为五天。我们说好，在这五天里，无论作业做得怎么样都没关系，这段时间的作业情况只用于实验结果的观察和记录，当然这也得到了老师的理解和同意。

第一天：她选择关上门在书房独自做作业，让妹妹在客厅做。

第二天：她和妹妹都在书房做作业，我关上门。但是她要求妹妹不能说话，这显然对妹妹不是很公平，好在妹妹作业少，一会就做完了。妹妹离开书房后，她的效率就开始变低，一直做到我让她出来吃饭。

第三天：她关上门在书房做作业，有一只超大的玩偶熊取代妹妹陪伴她，玩偶熊手里还捧了一本书。

第四天：她和妹妹都在客厅的茶几上做作业，她们都表示不喜欢我盯着，也不需要我坐在边上，但她们又希望能一抬眼就看到在厨房做饭的妈妈。

第五天：她在客厅茶几上做作业，妹妹在客厅餐桌上做作业。

每一天的实验结束，她都会写下一句话的感受，以便一周后我们坐下来进行比较和讨论。首先，她表示需要有同伴，否则会感觉很孤独，但是不能说话的玩偶熊显然不够，没有生机。然后，她希望的同伴是真人，可现在和我们小时候不一样，同班同学不一定住一个小区，那么最容易找到的同龄人就是妹妹。可让妹妹不要动来动去，太难为妹妹了。而家里有一条年幼且外号"六公里"的边牧，一开始因为狗的存在，公共空间也就是客厅被列为做作业"最容易分心的场所"，但是傍晚时分狗狗已经不像早上那么上蹿下跳了，不会成为视觉或听觉上的分心要素，而在不远处做饭的妈妈在心理上满足了大女儿"有权威人士"在旁边的心理需求。实验表明，大女儿最理想的作业状态是：和妹妹分别在茶几和餐桌上做，这样有同伴陪伴，但又有一定的"安全距离"，不会互相影响。妹妹也觉得这是一个不错的主意。

当然我也遇到过特别希望有师长在边上的，这样的孩子能通过"权威人士"的及时肯定来获得的极大满足感和成就感。课堂中也一定有老师遇到过这样的学生，稍稍做了一小步就需要拿来给老师看，那他们就不适合独自学习，这人为隔绝了他们心理上求关注求

大女儿在茶几上做作业，小女儿在餐桌上做作业

肯定的需求。

同伴究竟会互相打扰还是互相督促呢？人是群居动物，是社交动物，每一分每一秒都在通过语言、肢体动作、眼神、表情等各种形式传递信息和情感。英国诗人约翰·多恩（John Donne）有一首诗《没有人是一座孤岛》，说的也就是这个意思。其实我非常怀念小时候和伙伴们一起做作业的情景，不管是在晚托班里还是暑假聚集到某一个同学家里，然而，随着时代变迁，这种情况难以重现了。每个家庭的组成各不相同，有两个及以上孩子的家庭，孩子的同伴诉求相对会少许多。独生子女家庭中，孩子通常会更容易从家长的陪伴中获得力量，而家长可自由支配的时间有限，普遍觉得时间不够用。那么，怎样才能给孩子提供足够且高效的陪伴呢？我会在第五章为大家详述。

食物

你可能希望孩子一回来，脱了鞋马上进入做作业状态，这样可以做到前紧后松、前苦后甜，但孩子第一句话却是："饿死了，什么时候可以吃饭？"而你一看 5 点了，但晚餐还没好，给孩子吃吧，怕孩子停不下来影响正餐的食欲；不给孩子吃吧，又不想做那种铁面无私、自律到没有人情味儿的家长。

每天回家，我

A.很想先吃点东西再玩。　B.会直接玩，　　　C.如果有东西就吃，
　　　　　　　　　　　　　　或直接做作业。　　　没有也没关系。

这时候，请一定要理解你的孩子，就像有的人开会的时候一定要泡一杯茶，工作的时候一定要买杯咖啡一样，"身体不会骗你"，摄入食物、饮料从某种程度上来说可以缓解紧张情绪，舒缓压力。我遇到过一位知名讲师，她走到哪都必须带着水，哪怕全程都没有时间喝，但是这会使她从心理上缓解对因嗓子不适而咳嗽的恐惧。她还特别喜欢吃薯片及其他脆的食物，这种嘴巴里嘎嘣脆的感觉能帮助她转移一小会注意力。你是不是也有这样的经历，某一个时间脑子里就只想吃某一种食物，越是不让吃越想吃？我在怀孕的时

候梦想天天可以来一杯雪顶咖啡，在海外吃不到火锅时就很想念那种麻辣的舒爽感。既然你可以放纵自己，既管住了腿，又张开了嘴，那对孩子也要稍许宽容一些，因为适当的小零食可以让孩子瞬间得到满足，达到"充电五分钟，通话两小时"的功效。

我们大人可以做的是什么呢？在食物的数量和种类上进行控制，不要一大包零食或半个西瓜全部给孩子，也不要给他们提供太多选择。我们可以在低脂低糖的小零食和时令水果中让孩子挑选几样，然后每天放学用小碗盛其中一样，并且对孩子说："请你吃好了以后把碗放到厨房水斗里，然后你知道自己要干什么吗？"这样，孩子既觉得你是个关心他／她需求的好家长，也会有力气和好心情去完成布置的任务。

如何设计孩子们喜欢的书房？

要孩子喜欢，最快速的方法就是让他们参与其中。就好比让孩子们参与烹饪，自己有了付出，仿佛增加了美食的可口度。如果在设计家庭环境时也把孩子的意见作为参考，那当孩子真正进入这样的空间学习时，他们便会迅速和"自己的设计"产生联结，变成这个空间的主人，成为学习的主人。

我很喜欢逛家居店，有时候会带回家一些画册，有单个产品的介绍，也有整体的样板间效果图合辑，还经常买一些室内设计的杂志回来。有时，我会随手拿起一本，然后和孩子们做个游戏：每个人看图说话，说一说这一页自己最喜欢的产品以及喜欢的原因。轮流说完，然后翻到下一页。通过这样轻松的交流，我也大概了解到她们不同的喜好：大女儿总是会选能转起来、能摇起来的椅子，喜欢明亮的环境，喜欢的颜色也是明快抢眼的；而小女儿喜欢的设计是半封闭式的，椅子和沙发都要是高靠背可以把她小小的身体包裹住，喜欢有很多软软的靠垫，不喜欢皮质凉凉的感觉，喜欢暖暖但稍暗的灯光，喜欢有好多好多的绿植，因为她长大想开一个花店。

让孩子"看图说话"是一个了解孩子对环境需求不错的方式，倘若你已经大概了解了孩子的学习性格特点，也可以特别选择一些兼具功能性的家具。比如给偏"动觉型"学习性格的孩子用上带动态特征的摇椅、转椅，给偏"触觉型"学习性格的孩子买块橡皮泥。

我选取了一些有代表性的学习性格和特点，并为之提供了一些书房设计上的建议，供家长们参考。

学习性格／ 孩子特点	设计调整
偏"概括型" （随性、强烈需要和学习材料有情感联结）	多放一些孩子现阶段非常感兴趣的主题性材料，比如与他／她最近喜欢的某个卡通人物相关的各式学习材料。
偏"解析型" （计划性强、思维理性、需要框架）	张贴日历、周历、时间表等。
偏"视觉型"	将抽象的文字、数字可视化，可以张贴乘法口诀表、英语自然拼读图、汉语拼音图、边旁部首结合图。
偏"听觉型"	让孩子有安静的学习空间，阅读区域尽量不要放置音响，如果有一些噪声真的打扰到孩子，可以在墙上挂一个包耳式耳机或耳塞。
偏"触觉型"	提供带游戏感的地毯、桌游，比如大富翁、扑克牌、跳棋、国际象棋等。

续表

学习性格 / 孩子特点	设计调整
偏"动觉型"	除了可以准备一块橡皮泥让孩子在思考时捏一捏外，有条件的家庭还可在学习空间增添转椅、摇椅，甚至动感单车。
喜欢柔和的灯光	选择显色指数高的光源，最好接近自然光，选择有光学设计的灯罩，能防眩光，避免视觉疲劳。
喜欢"非正式"设计	比如懒人沙发、很多靠垫、帐篷、帘子等。
学习动机不强烈	多借助孩子喜欢的东西辅助其学习，比如让数码产品变成学习工具，而弱化其游戏功能。
社会性强	时不时提供和同伴一起学习的机会，比如让兄弟姐妹或邀请邻居一起做作业。
学习区域看上去不太整洁	使用洞洞板这种可根据个人需求自由使用的装置，让孩子自己规划和分类，也可以准备小一些的鞋盒，让孩子自己写好标签或者口述这个小盒子要用来装什么，而不是给几个很大的收纳盒，因为后者很容易最后变成几个很大的垃圾桶。

美和舒服都是很主观的感受，你觉得好看和舒服的，别人不一定也这么认为，而本章的最大意图就是希望帮你和家人创造一个互相了解的机会。

曾经有一年宜家的主题叫"make room for life"（为生活腾点空间），这个口号一语双关，非常妙。我有幸成为他们的"意见领袖"，重新改造了我家最大的公共空间——客厅。当时宜家还拍了一个精良的官方视频，叫《把家变成游乐场》，点击率意外的高。这次经历让我意识到两点：第一，家就是需要呈现出主人的性格；第二，没有设计功底也能打造自己喜欢的空间，因为没有设计师比你更懂你自己。如果客厅可以打破电视—茶几—沙发的套路，那同样作为公共空间的书房也可以拥有自己的个性和想象空间。

当你发现孩子画出来的环境图上有小毯子、被子、抱枕之类的元素，并不是要从此就让孩子上炕做作业，而是可以在已有的椅子上加一个软软的靠垫，给孩子一个小小的心理满足，感觉自己的需求被关怀到了。如果你在孩子的画上发现了音符之类的信号，首先可以说明你的孩子大概率不是偏"听觉型"学习者，否则他们会要求需要集中注意力的空间少有甚至完全没有噪声、说话声、锅碗瓢盆的做饭声。那当他们抱怨做作业的时候旁边声音很响所以做不好的时候，不要一味觉得孩子在找借口，可能他们真的有声音方面的需求。如果孩子觉得声音不算干扰因素，甚至觉得声音还可以帮助他们舒缓情绪，更有利于他们集中注意力，那么可以和孩子讨论一下他们喜欢什么类型的音乐。有些孩子对旋律比较敏感，有些孩子对语言比较敏感，而语言也分母语和非母语，非母语的歌曲更接近纯背景音乐。

如果一家人分别画出、写出并说出了自己对学习空间的需求点，家长就可以根据自己家庭的经济条件和空间大小，或购买或DIY一些相关的元素，尽可能多地满足一家人的环境偏好。有时候一个放饮料的小茶几、一盏暖暖的灯、一个懒人沙发、一块洞洞板甚至一条小毯子就可以完全改变孩子和你对学习空间的喜好程度，相信聪明的你一定可以和家人共同设计和调整，哪怕是一块小地毯的位置。Make room for learning（为学习腾点空间），快去试试吧。

东南西北测试系统

以前在为国际品牌做深度市场调研的时候，有一个我很佩服的同事，她自称是"人类学家"，每年加起来有七个月时间在全球各地做市场研究：从人们对同一件事物的看法和选择来寻找这个国家或地区在品牌认知和消费行为上的特质，从而帮助品牌方调整市场方向。这一切听起来确实很有意思，她也愿意全身心地去和别人聊天，探究人们不同的想法。我们不是她，不一定会或需要对其他人产生如此浓厚的兴趣，但是花一定的时间关注自己，并且有一定理论知识可依据也是相当有必要的。

花时间学习"学习性格"理论，吃透"东南西北"四个方面，了解孩子的学习性格并作出调整是一个系统工程。我在写书的同时设计了一套在线的学习性格测试系统，希望能帮助家长停下忙碌的脚步，换一个看待学习的视角，从人本出发，和孩子们像做游戏一样进行一次"性格普查"。

有的人习惯看文字，有的人喜欢听音频，有的人则更愿意看图片。这个系统的每一题都由图案、文字、音频共同给出题目，以尽可能覆盖到所有类别的学习者。对于尚不能完全理解文字内容的学龄前儿童，图片加音频的方式可以帮助他们独立完成这套问卷，因为家长哪怕在读题时加入一些解释可能也会造成主观性输入，影响孩子的选择。孩子太小的家长可以依据对孩子的观察来做题。

这套测试体系也分成了四个部分，但我把四部分的题目顺序打乱了，让测试者在最不设防的轻松心态下关注自己。所有题目均为选择题，很巧妙地覆盖了"东南西北"折纸所呈现的四个方面：

思维（偏"解析型"、偏"概括型"）、感官（偏"视觉型"、偏"听觉型"、偏"触觉型"、偏"动觉型"）、情感（动力、毅力、责任心）和环境因素（光线、声音、温度、空间布局、色调、气味、自然元素、同伴、食物）。

这套题目我也给两个女儿做过，她们分别在我和先生的手机上选择属于她们的答案。系统自动生成的学习性格报告也让她们对自己有了更清晰的认识，帮助她们意识到和学习相关的感官、思维、情感和环境四大因素，以及每一个因素对于她们学习状态的影响。

测试除了可以让你对自己更了解，测试生成的报告还能与他人分享和比较。女儿们正是通过这个测试了解了一个事实，那就是哪怕是同一个爸妈生的孩子，也可以完全不同。通过比较家庭成员对环境的不同需求，结合报告，测试系统还会生成一套帮助重新规划家庭学习空间的方案建议，以满足不同家庭成员的需求。

这份"学习性格"报告让家长很容易知道孩子在四个方面的偏重，从而解锁孩子的学习性格密码。这个找答案的过程本身就非常受家庭成员的欢迎，大家把它当作一次很好的家庭活动。

爸爸妈妈搞懂孩子的"东南西北"，学习问题就已经解决一大半了。良好的开始是成功的一半，任何时间开始都不晚。后续你的想法也会发生变化，你看待孩子的眼神也会有所改变，你的眼神会变得更温柔且坚定，会觉得眼前这个孩子不一样了，更可爱了。

一个孩子是多种学习性格的集合体，所以才有各种各样可爱的孩子。那这些都是先天的，完全没办法改变的吗？也不尽然。我认为很多学习性格是可以后天训练的，比如有的孩子小时候每天接触到的都是表达上比较成熟的故事、广播剧、音乐、相声等带声音的材料，而在尚未学习文字、数字等抽象知识前，听觉是他们习惯和擅长的一项，因此表达也会相对流利、自信。当他们到了需要用视觉辅助阅读时，一开始进展可能相对会慢一些，但完全不必担心，这可以通过学校的正常教学来训练。或者有些偏"概括型"的孩子时间观念没有那么强，也可以通过本书第五章里的一些方法进行练习，在时间感和时间管理上往偏"解析型"的学习性格靠，这对孩子今后的学习、工作会有所帮助。

你的孩子属于哪种学习性格？
扫一扫，测试一下吧！

4

别怕，这些学习的弯路我们都走过

没有完美的孩子，也不存在毫无瑕疵的爸妈。焦虑，无非因为两点，要么不自知，要么不知足。

走弯路不是世界末日，也不一定是坏事。大部分家长都持有能不走弯路尽量不走的心态，这没有错，但一生路途平坦不太现实，毕竟人生不如意之事十有八九，所以我们需要常想这八九。人生中走一小段弯路并不可怕，家长在育儿道路上走弯路，孩子在成长历程中走弯路，都不是洪水猛兽，适当地走一走，对自己对周遭也能有更好的认识。难关对挺过来的人来说是人生财富，对没有熬过去的人来说是经验教训或折磨。条条大路通罗马，不管走哪条路，对家长来说最重要的是，如何去面对眼下的困难，以及如何跟孩子解释。家长不妨勇敢地对孩子说出"对不起，爸爸妈妈以前做得不对"，而不是死鸭子嘴硬，放不下身段。我们是孩子的做家长，同时也可以和孩子做朋友。

养育：学习型家庭的肥沃土壤

看过一个心理学家贺岭峰老师的讲课视频，说有一天，他被女儿的数学老师叫去学校，说女儿有一题连错四遍，数学老师非常生气。老师问他："你们家长是不是觉得生完孩子就没啥事儿了？教育的事是不是全部推给老师就得了？"然后老师冲他劈头盖脸发泄了一通不满情绪。回到家，女儿问闷闷不乐的爸爸老师找他什么事。这位父亲并没有说出实情，而是很有智慧地说："老师表扬你数学有进步。"他认为把老师的负面情绪再叠加他自己的负面情绪传递给女儿，对女儿理解那道错了四遍的题目没有一丁点帮助。

确实，哪怕再好的老师在孩子生命中都是过客，而我们作为父母，理应成为孩子一辈子的朋友和支柱。

家长容易犯的六个错误

有意思是，父母对孩子而言如此重要，却是一个不需要持证上岗的岗位，而且是一个铁饭碗。我和很多人一样，满怀好奇和憧憬拥有了两个有着我深深烙印的小生命，她们在长大，我在变成熟。焦虑、彷徨、挣扎，这是每个家长的必修课，也是我们很珍贵的人生体验。不少教育类畅销书作者都培养了一两个名校毕业的优秀儿女，而我修行尚浅，也没有如此远大的志向，只是生活和教育工作的经验让我有了稍许感悟，希望用这一章节给和我一样的"平凡"孩子的爸爸妈妈一些鼓励和肯定。

爱的表达方式不对

记得去参加过一次由菁 kids 教育媒体主办的"蒙晰社交厨房"活动，陌生妈妈们聚会在一起，讨论孩子是最合适的破冰话题。

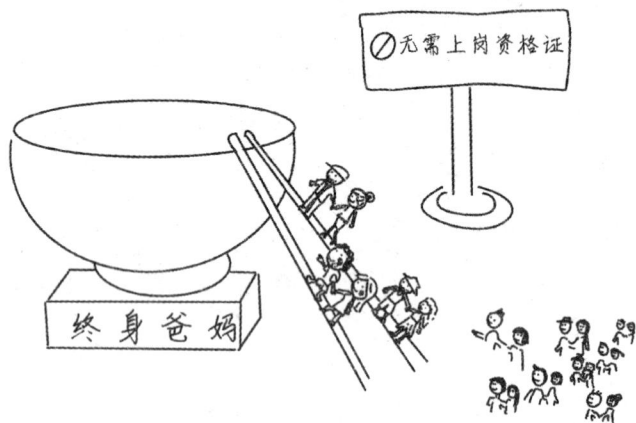

有一位妈妈描绘了一个典型的家庭教育场景：她九岁的儿子最近非常叛逆，不做作业，上课捣乱，还和师长对着干，拒绝和妈妈和平对话，不接受妈妈的任何建议。她非常苦恼，孩子都还没到青春期，亲子关系就已剑拔弩张。她专门去看了心理咨询师。那位老师说："首先，时代不同了，现在的孩子青春期来得早，去得晚，这是普遍现象。其次呢，可能你好的初衷被不恰当的表达方式坑了，让孩子觉得妈妈根本不爱他。"她听了后，无法接受，世界上还有谁比她更爱自己的孩子吗？她不信"邪"，回家第一句话就问孩子："是不是觉得妈妈不爱你？"谁知道，孩子想都没想就给了她肯定的答复。

这个真实而残酷的答复当然令她心碎，但是我却认为，这场对话在孩子九岁时进行远远好过更晚甚至不发生。之后，她便开始尝试和孩子正面积极沟通，通过心理咨询老师的帮助，用孩子接受和喜欢的方式去表达母亲慈祥又严肃的爱，他们的关系慢慢缓和，渐渐和谐起来，这为将来顺利度过"更年期遇上青春期"奠定了良

好的基础。

　　每个人心里都有一个爱的杯子，爱的流动就好比把水从一个杯子里倒到另一个杯子里。当杯子装满水的时候，就可以给其他杯子倒水，如果这个过程是家长把爱倒给孩子，那孩子就会感受到力量，从而更自信，并且对周遭事物产生兴趣和情感。在学习上，这种情感就是前几章里提到的"两力一心"，即动力、毅力和责任心。也就是说，倘若爱的杯子里没有来自师长和同伴的水，那这个孩子也就失去了付出情感的可能，他们将缺乏对学习的动力、毅力和责任心，他们将不认为学习与世界、同伴相处有意义，而会把所有精力都花在对爱的索取上。对于绝大多数孩子，也就是偏"概括型"的小朋友来说，如果我们帮他们把学习内化为情感力量的一部分，就更容易让他们接受。比如说，把学习成果，哪怕是小小的成绩和他们的自豪感、自信心建立强大的联系，让他们情感上得到满足，他们才会更有"两力一心"让自己走得更远。

　　我小时候，因为家长早出晚归忙工作所以独立性和自理能力比较强，求人不如求己的思想也根深蒂固。后来轮到我自己做家长了，我想当然地认为，我们小时候没有人管，两个女儿也应该从小自力更生，自己解决问题。可是，我忽略了一个重要的事实，她们从没有去上过补习班，一进小学就发现自己和从幼儿园中班就开始学拼音识字的孩子根本不在同一条起跑线上。当时的我不知道爱的语言，我认为把孩子扔到残酷的现实中磨炼就是对她们的爱。殊不知，她们感受到的只有在学校的无助以及回家以后我仍然要求她们自己想办法迎头赶上的冷酷。

一开始，当孩子们来问我问题，我会试图去教，但后来我发现我根本无法用两天时间让孩子消化其他同学抢跑两年所学的内容。然后我开始生气，开始埋怨所谓的"大环境"。后来发现，这样的负面情绪让我变成了我最不想变成的那种家长。虽然我尚未到那种拍桌子导致掌骨断裂、嘶吼到心脏搭桥的处境，但很明显，孩子们和先生都感受到了我的变化，我也意识到自己必须尝试新的方法并作出改变。

孩子学校组织了家长学校，有一堂课老师就讲到了《爱的五种语言》①这本书，在深入研究以后，我深深为自己的态度感到惭愧。当孩子们再问我问题时，我虽然仍然没有马上伸出援助之手，但方式方法作出了调整，而这个调整就是基于对孩子们"学习性格"和"爱的语言"的双重了解。

以前当她们有学习困难来请教我时，我是坚决不回答的，后来我发现，其实还是需要通融一些，也要加强沟通，孩子的心理也并

---

① Chapman, Gary. The 5 Love Languages: the Secret to Love That Lasts[M]. Chicago: Northfield Publishing, 2015.

没有强大到在学校受挫后回家被我拒之门外依然能百折不挠的地步。后来，我也还是不轻易直接告诉她们答案，但是会给她们建议，同时也会说明，我不告诉她们答案，不是不爱她们、不管她们，而是因为什么原因。孩子都很理解，也觉得我做得很对。

《爱的五种语言》这本书对亲情、友情、爱情都很适用，作者把爱的表现形式分为了五种：精心准备的礼物（不一定是贵的）、亲密的肢体接触、品质时间、肯定的语言和贴心的服务。每个人对五种爱的语言接受度不一样，正因为如此，所以会出现你认为特别重要的爱的表达方式对其他人不一定适用。我们都会用自己觉得能表现爱的方式去爱其他人，但当这并不是他们所接受的爱的语言时，就容易产生摩擦和冲突，哪怕这一切发生在爱的名义下。

记得有一期《奇葩说》的辩题是"妈妈是超人，这句话是不是赞美"，显然对喜欢"肯定的语言"的人来说这是赞美，是前行的动力和精神犒赏。但也有很多人对别人是肯定还是否定无所谓，甚至把这种表达爱的方式排在需要度的末位，那么"你是超人"这句话无论是从孩子、先生还是外人的口中道出，都会让她们产生不必要的压力，更有甚者会认为这是一种道德绑架。

我曾经把《爱的五种语言》英文版中的测试翻译成中文，调整了一些在中国文化背景下比较陌生的场景，并用一些比较"接地气"的事例做成了一个改良版的测试。我会给来家庭关系工作坊的成人和较大一些的孩子做一下测试，让每个人给他们认为重要的示爱方式进行排序，很多情况下，发现不同家庭成员的排序大相径庭。

有一个例子我记忆犹新。有一对新婚的朋友来家里玩，我给他们做了"爱的五种语言测试"，丈夫测试的结果是把"精心准备

的礼物"排在了他认为最不重要的位置，而恰恰妻子最受用的"爱的语言"就是礼物。他们看到这个结果后便回忆起一次吵架，起因是丈夫贴心地问了妻子一句："我今天从机场回来要帮你从免税店带什么吗？"能想起来问出这句话对丈夫已属不易。当时妻子习惯性地说了一句"不用，你早点回来就行"，可心里却非常希望丈夫带一个小礼物回来。结果就悲剧了，这个丈夫没有读出妻子的言外之意，果真没有带任何礼物，下了飞机就飞速回到家里。原本以为妻子见到他会很开心，没想到妻子的脸拉得老长，生闷气让他"自己去想吧"。这时我问这个丈夫的想法，他说他很实诚，平时也确实听不出来别人的弦外之音。这一点就很偏"解析型"，大多数情况下，他只理解字面意思，不会去深想多想。通过这次测试，他们不仅了解了自己，也对亲密关系中对方的需求有了一个认识的飞跃。可见，爱的语言和学习性格紧密结合起来，可以帮助我们理顺自己，理顺日常生活中的人际关系。

我们花时间来读这本书、试图了解孩子的学习性格，本身就说明了我们对孩子的关爱，那应该怎样将爱的语言和学习性格有机结合呢？

养狗的人都知道，当狗按照主人的训练做到一些特别的动作时，一定会得到一些小零食、口头表扬和抚摸作为鼓励，宠物尚且有奖励，怎么到了孩子这，就没了呢？现实生活中，很多家长认为给予孩子的奖励就只有物质奖励和口头夸奖两种。殊不知，奖励和爱的表达一样，也可以有五种方式。我们可以先花半小时给孩子们做一下"爱的五种语言"测试，然后根据孩子的测试结果来选择奖励的形式。

"爱的五种语言"测试

规则：请给孩子准备一支铅笔、一块橡皮，让他们给以下 5 组句子排序，觉得最重要的请在横线上写 5，最不重要的写 1。如果举的事例不曾发生，请根据想象排序。最后把所有5组句子里A的得分相加，B的得分相加，以此类推得到5个数值。如果家长自己做，把"你的家长"用"你的配偶"替换即可。

第一组

_____A. 你的家长帮你铺了床，并在床头放了你喜欢的玩偶、香薰、小夜灯。

_____B. 你的家长出差回来给你带了一个小礼物。

_____C. 你的家长约你晚饭后一起出去散步。

_____D. 你的家长在出门上班前给了你一个拥抱。

_____E. 你的家长说"这件事你干得不错"或"你这么做我觉得很对"。

第二组

_____A. 你的家长叫你多休息，还帮你理了书包。

_____B. 你的家长知道你特别喜欢某种小吃，专门买了带回家给你。

_____C. 你的家长邀请你坐下来聊聊他的工作和你学校发生的趣事。

_____D. 你的家长经常拥抱你或摸摸你的头。

_____E. 你的家长告诉你他们喜欢你、欣赏你。

第三组

_____A. 你的家长在你学习遇到困难的时候耐心辅导你。

_____B. 你的家长定了一个你最近喜欢的卡通人物生日蛋糕。

_____C. 你的家长带你去了游乐场，还一起玩了很多项目。

_____D. 你的家长在公共场合喜欢拉着你的手或把手搭在你的肩膀上。

_____E. 你的家长在一个聚会上告诉大家你最近的成就或进步。

第四组

_____A. 你的家长在你生病的时候一直陪着你，细心照顾你。

_____B. 你的家长给你买了一本你一直想要的书或一个心仪的玩具。

_____C. 你的家长带你出去吃了一次烛光晚餐或冰激凌火锅。

_____D. 你的家长通过和你击掌来表达对你的肯定。

_____E. 你的家长发现你改正了缺点，能马上口头表扬你。

第五组

_____A. 你的家长帮你一起完成了一个很难的手工作业。

_____B. 你的家长让你在网上挑了一个你喜欢的文具，并爽快下单。

_____C. 你的家长带你去公园搭了帐篷还一起骑了马。

_____D. 你的家长允许你骑在他们身上或玩枕头大战的游戏。

_____E. 你的家长告诉他们的朋友你的一切优点。

合计总分：

A_____分 B_____分 C_____分 D_____分 E_____分

现在我们来揭晓答案，看看你的孩子最吃哪一套吧。A 代表"贴心的服务"，B 代表"精心准备的礼物"，C 代表"一对一时间"，D 代表"表亲密的肢体接触"，E 代表"肯定的语言"。

你的孩子或配偶服哪一种"爱的语言"？
扫一扫，测试一下吧！

在我接触的实际案例中，发现一个有意思的现象。男孩和男人对"肯定的语言"更渴求，很多都是放在五种爱的语言第一位，紧接着的才是"贴心的服务"和"亲密的肢体接触"。而女生则大多把"一对一时间""精心准备的礼物"和"亲密的肢体接触"排在前三。在中国人们通常用含蓄的方式来表达爱，不太强调肢体接触，我就完全不记得爸爸妈妈除了打我屁股以外以与我还有什么肢体接触，但测试显示尽管它不一定总排在最重要的位置，但有很多人看重。

我让两个女儿和先生都做了"爱的五种语言"测试。和学习性格测试一样，发现即使是同一个爸妈生的，在同一个环境下成长的孩子也会有不同偏好。我给很多有二胎的家庭做了同样的测试，也发现了一些有趣的现象，那就是很多老大最吃的那套是"一对一时间"，可能因为有了老二，爸爸妈妈不得不减少分给老大的时间。而弟弟妹妹们则更偏重"精心准备的礼物"，因为当需要给老二准备礼物时，爸爸妈妈一般也会给老大买一个，而给老大准备礼物时，老二也能得到一个并不是"唯一"的礼物，也就没那么特别了。

当我们知晓家庭成员对"爱的语言"的重视顺序以后，就可以把他们最受用的那几项作为奖励的方式，比如我大女儿最看重的是"一对一时间"，那我要对她表示肯定时，就会主动提出带她单独出去逛个街，或允许她指定爸爸或妈妈陪她一起做一件事，而当我需要奖励妹妹时，则会请妹妹在预算范围内挑选一个小礼物或零食，因为妹妹最爱用的"爱的语言"是"精心准备的礼物"。

家文化是中国传统文化中的一项核心内容，但在传统对家庭观念和家庭关系的研究中，却鲜有把爱的表达方式用这么理性的方式进行归类和分析的，仿佛爱就是说不清道不明的。事实上，学习之于孩子，就像工作之于家长，虽不是生活的全部，但也占据了生活的很大一部分，如果我们能够在生活中善用"爱的语言"，将对我们的工作和学习产生非常积极的作用。

再举个例子，我的先生是偏"解析型"的，所以家里所有的旅行他每一个细节都安排得妥妥当当，并且很享受这个过程，而我是略偏"概括型"的，因此他做好全攻略，我只需要打包好要带的衣服跟着走即可。通过"爱的五种语言"测试，我知道"肯定的语言"对他是第一重要的，所以当他规划好了整个旅行，几乎什么都不用干的我就每天花式夸他"怎么这么会安排""挑选的酒店这么好""安排的航班时间太完美了"，于是他也高兴，我也高兴。

那我们该如何巧妙地结合爱和学习，让换位思考贯穿在日常和生活中，并运用已知的学习性格类型和"爱的语言"，让孩子们在爱的陪伴下成为快乐的终身学习者呢？

贴心的服务

孩子虽然小，但请不要忽略他们爱我们的那一颗真挚热忱的心。孩子给回家的爸爸妈妈拿拖鞋，帮家长摆放餐具、收拾碗筷都是他们对爸爸妈妈贴心的服务。

记得老大老二都还在幼儿园时，我通过不断的引导让她们知道了睡眠对爸爸妈妈来说是多么重要，世界上没有比周六让爸爸妈妈睡个懒觉更贴心的服务了。刚开始，孩子们7点起床就来我们卧室叫我们起床。后来，她们起来后在客厅、书房和自己的卧室玩，除非真的饿得受不了了才来我们卧室叫我们；再后来，她们自己学会了烤面包片、涂黄油果酱，或者挑选一种那天最想吃的麦片，倒上牛奶，有时还切几片香蕉进去。

几个月前我们家领养了一条边牧，本来照顾两个孩子加上工作就已经让我们的生活无比充实了，这回机缘巧合，毛孩子来了，虽然带来了更多的家务，但也是件好事，孩子们意识到原来照顾宠物也需要夜以继日地持续付出，不是说今天遛了狗明天就不用遛了。

每周日清晨 6 点，我先生就起床出门遛狗，回来做好"床上早餐"，让孩子们帮忙拿进卧室。他们通过这样的方式感谢我为家里的付出，让我很感动。我先生问我："狗狗早上叫唤，感觉你从来听不见的嘛？"我说："对啊，孩子们小时候每天半夜和清晨哼哼着要吃奶，你也好像没有反应。"当然，我全母乳亲喂孩子时，他也帮不上啥忙，总不见得硬把他拖起来看着我，为了心理平衡而损失

顶梁柱的健康可不值得。但因为我有过这样的经历，所以能体会他每天天蒙蒙亮就起来遛狗的孤独，于是我决定给他一个"贴心的服务"。我说每周有一天早上我愿意早起遛狗，他马上说："当然是周六早上！"开心得好像中了五百万。

这个提议带来的正面影响可想而知，孩子们目睹了我们"撒狗粮"的全过程，自然就明白了什么叫从对方需求出发的"贴心的服务"。

这一项"爱的语言"的重要性可能会随着孩子自理能力的提高而往后排，但是如果当下你的孩子把"贴心的服务"排在前列，说明他们需要你无私的帮助，更需要你培养他们的自理能力和服务他人的能力，这是非常好的心系他人的启蒙。

依照学习性格测试中孩子们对理想学习环境的描绘，家长给他们创造贴合个性需求的氛围，比如调整灯光的强弱和位置，允许他们做作业遇到困难的时候伸伸腿弯弯腰，给他们准备一小碗水果或点心，每天花 20 分钟给他们读一个睡前故事，等等。

家长可以为孩子做的实在数不胜数，怕就怕走两个极端，要么提供了太多不需要的帮助，要么铁面无私、袖手旁观。

精心准备的礼物

如果通过你的观察或带孩子做学习性格测试，发现孩子在学习时对食物或饮料有要求，那大可以巧妙地利用这一点。比方说，在碗里放几块小饼干，告诉学龄前或小学低年级的孩子，练琴 15 分钟以后可以吃小饼干，同时可以提出要求，比如 15 分钟以后需要弹给家长听一遍。

对大一些的孩子来说，奖励他们在预算范围内自行选择想要的礼物，比如文具、书籍、日用品或电子设备等。这些实物都有其对应的金额，所以挑选的同时也是一次很好的性价比比较练习，能锻炼孩子的逻辑思维能力。如果你是偏"解析型"的家长，那可以请孩子直接告诉你想要的礼物的种类和型号，因为要求"解析型"家长给别人准备一个意外的惊喜，也是略有挑战的。

同样，也可以鼓励孩子们尝试给他人准备小礼物，可以是节庆日用自己的零用钱、压岁钱给祖辈或亲戚的孩子们采购一些预算内的礼物（预算在家长的指导下定，这样可以自然地引入钱的概念），也可以是自制卡片或手工作品，以感谢老师的辛勤付出，感谢同学平时的帮助。送什么，本身就基于孩子自己对礼物赠送对象的观察和判断，这也是一个很好的锻炼机会。

一对一时间

如果说礼物是看得见、摸得着的实物，那陪伴就是非常容易被忽视却有着巨大效用的"礼物"。这里的"陪伴"强调的是"一对一"。在二胎和三胎家庭，"一对一时间"对孩子来说简直就是奢望，但正是因为难得，所以才显得弥足珍贵。在这个一对一时间里干什么，家长可以和孩子共同讨论。可以干的事太多了，有些事在成人眼中不一定能算个事儿，但是就像我们和朋友约饭时常说的，关键不是吃啥，而是和谁一块吃。

孩子们希望的一对一时间一般是和一个或两个家长外出散步，或是读一个喜欢的故事，而大人则更希望和自己的配偶过一对一时间。家长给自己和配偶安排频率适中的一对一时间，能激发有这一需求的孩子更强烈地想获得爸爸妈妈一对一陪伴的愿望。大人们可以把这点作为特别奖励，给予孩子一对一的关怀，因为时间就是生命，你和这个人共同度过这一小段生命，哪怕只有一小时、半小时，但却是你能给孩子、给配偶的最好的礼物。

但有一点必须告诉孩子，"一对一时间"仅限和爸爸妈妈或兄弟姐妹，如果有其他的亲戚朋友也想和孩子度过"一对一时间"，必须先经过爸爸妈妈同意，尤其是陌生人。孩子绝对不可以在监

护人不知情的情况下，和其他人进入密闭的空间。

家长也可以按照"一对一时间"的思路，把请孩子的朋友来家里做客甚至过夜作为奖励，社会性强的孩子会非常喜欢这种方式。但有两点要注意：第一，家长切忌把种方式作为要挟孩子的武器，不要对孩子说"如果你不听话，我就不让某某小朋友来家里做客咯"；第二，要让孩子尊重别的孩子和家长的意愿，需要提前征询意见和预约时间，不能临时起意，不给别人思考的时间。

亲密的肢体接触

男女朋友吵架，通常偏"概括型"的女生根本听不进去男朋友讲的道理和争辩，结果越吵越凶最后发展成冷战。其实，大部分小吵小闹在事态没有演变得不可收拾前，一个拥抱就能化解。

孩子也一样，可是大部分家长重说教轻拥抱。如果你的孩子把亲密的肢体接触排在第一或第二位，你可以时常把他们搂过来，或使用"摸头杀"，把他们抱在腿上或怀里，然后才开始讲道理，这样或许未必能让孩子理解你的语重心长，但起码他们对你滔滔不绝的演讲不会那么排斥。

如果你的孩子恰巧是偏"动觉型"的，请一定走到他们身边，张开双臂给他们一个大大的拥抱，这对于他们来说是一种无声的接纳。

可能是因为年龄关系，我的小女儿非常需要家长的肢体接触，有时我连续几次的"紧紧拥抱"会让她大笑不止。当我躺在床上的时候，她也会让我弯曲腿变成一座桥的形状，让她好爬上来，然后我一下子把腿放平并把她甩到软软的床上，这个游戏她百玩不厌。而且如果告诉她她可以一对一跟妈妈相处十分钟，问她想干什么，十有八九她会说你帮我按摩一下。直到现在，如果她在晚上 8 点前把所有事情都做完，只剩走到床上去一件事，我就会用她喜欢的方式奖励她，把她背到床上。

这里就不得不提一下床的巨大魅力了，它除了可以供人睡觉，还是一个做亲子游戏的好地方，睡前和家长在床上玩几个小游戏可以和亲子阅读一样成为晚上的固定节目。我的一位儿童精神分析师朋友，艺家老师说："能在爸爸妈妈的床上撒撒野，有一种打破规则的小快乐，也是一个合家体验温暖与亲密的时刻。"

三年前我做过一个微信公众号，叫"带劲 er"（现更名为"葛妈懂孩子"）。公众号里展示过很多简单的家庭游戏短视频，第一集就是亲子床上运动。考虑到家长们的时间有限，家庭的场地也有限，我就只能想一些因地制宜的活动。家里没有瑜伽垫，没有皮球、呼啦圈，但是床肯定是有的，所以我们拍摄了五个几分钟游戏，分别是"床边俯卧撑"（爸爸做俯卧撑时我的小女儿骑在他脖

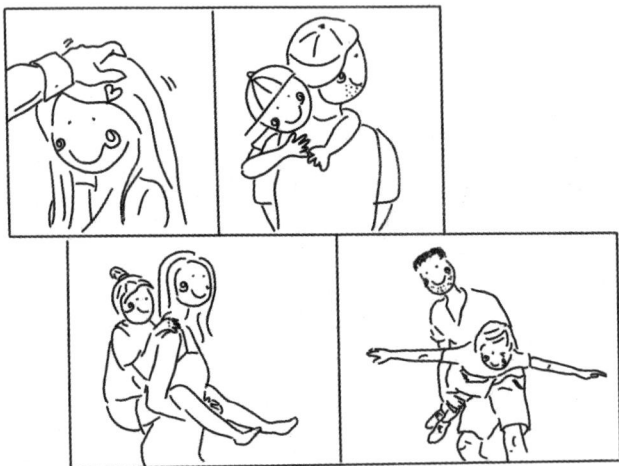

子）、"滚床单"、"被褥轿子"（也可以用床单）、"枕头大战"（这是爱的"战争"，和孩子们之间没有什么是一场 1 分钟的枕头大战所不能解决的）和"放松运动"（孩子们在趴着的爸爸妈妈的大腿和屁股上踩踏，这个灵感来自我在少体校的经历）。现在这部分内容变成了新公众号"葛妈懂孩子"的一个栏目，欢迎读者们到公众号观看这些有趣的家庭游戏视频。

肯定的语言

你的语言关乎今后孩子如何看待自己。

对于听觉敏感、偏"解析型"的孩子，如果他们最受用的"爱的语言"还恰好是"肯定的语言"（通常多为男生），那家长就需要开动脑筋，多观察孩子，多进行口头表扬。

如果通过你的观察，或根据孩子"爱的语言"测试的结果能看出他们没有那么在乎别人的称赞，那么你可以多提供其他形式的奖励。但是请记住，没有人会拒绝夸奖，而家长夸奖的内容越具体，孩子越觉得自己受到了关注，从而产生更多的动力。

世界上缺的不是孩子的优点，而是发现孩子优点的家长的眼睛。我也有过这样一个缺乏观察力的阶段，觉得我也想表扬你们啊，你们倒是做点像样的事情让我有东西好表扬啊。后来我发现，不是她们成事不足、败事有余，而是我没有用心去发现孩子们的龟速进步和小小变化而已。

有很长一段时间孩子们的卧室总是非常乱，我拍了家里狗狗的笼子和她们房间的对比图，还发了朋友圈："究竟哪个是狗窝？"如果我插手帮她们整理，每天放学回家她们将看到一个奇迹般恢复干净的卧室。长此以往并不利于培养她们的责任心，所以我坚决按兵不动。有时候明明还是一如既往的乱，我却故意说："今天的房间比昨天看上去稍微整洁一点了嘛，一定是你们开始想要收拾了。"听了这句话，她们就会屁颠屁颠地稍微整理一下。渐渐地，当她们认为不能再睡在"狗窝"里时，自发整理过几次，那几次我和先生都狠狠地夸奖，言辞夸张，但是效果非常理想。

　　有时我的两个偏"概括型"的小孩也会良心发现，自发整理一下卧室的地板和床（我们家没有请过保姆或清洁工，所以一切家务都由四个家庭成员分摊），我偶尔擦亮眼睛看到了，当时心里也确实掠过那么一丝快意和满足，但是等孩子们回来我却忘记表扬她们了。后来为了让自己不忘记表扬孩子，我把她们自觉把早饭的碗放到厨房、上好厕所记得关门关灯这些小事一一记下来。如果当时发现就马上表扬，大家高兴，何乐而不为。如果是她们去上学以后我才发现的，那么她们回家后我第一件事就是就发现的点进行表扬。渐渐地，亲子关系也因为我的改变而改善了很多。

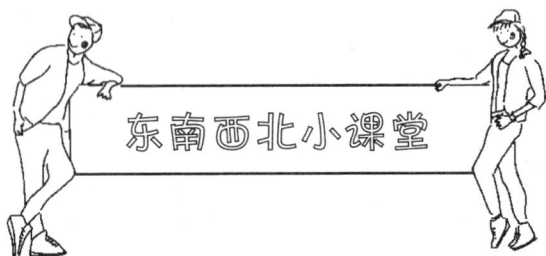

东南西北小课堂

　　问：我太太总是对孩子进行物质奖励，我不赞成她的做法，引起了很多矛盾。我到底要不要给孩子物质奖励呢？

　　答：其实，物质奖励对小孩子还是很有诱惑力和效果的，特别是食物奖励。但是我们也需要明确和孩子说好，做了什么事情可以奖励，奖励多少东西。并且达成共识，完成任务了才能获得约定好的奖励，而不是凭家长心情。当孩子对物质没有量化的概念时，他们分不清一个冰激凌和一个游戏机哪个表示更大的奖励。反之，孩子打翻一杯水和撒谎的时候，如果看到家长的表情都是生气的，他们也无法判断哪件事更严重，所以无论奖励还是惩罚都需要量化。

偏"解析型"的孩子一下子就可以理解量化的意思，且解析型的教学方法也可以运用在孩子学习的各个方面。我们面对偏"概括型"的孩子，如果也能早一些引入量化的概念，孩子本人和亲子关系将受益无穷。家长可以用

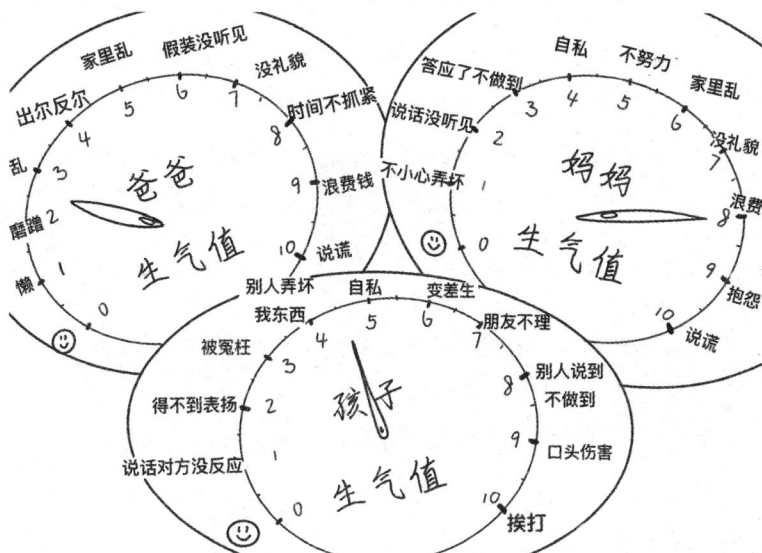

手势比划，或用笔在纸上把量化的概念可视化，再配合语言解释，然后让孩子按自己的理解和想法制订量化规则，最后经和爸爸妈妈共同讨论以后一起执行，那将是一次抽象概念的完美着陆。

跟孩子说"妈妈的'生气值'已经在上升了"或者"爸爸的'生气值'快要到达9.5分了"，孩子们自然会评估自己的行为和措辞，并想想如何让爸爸和妈妈的"生气值"降下来，不让它爆表。

一次，我请孩子们写下她们觉得爸爸妈妈会生气的一些事情，她们洋洋洒洒写了一大篇。然后我们挨个分析，就爸爸妈妈的"生气值"进行排序，然后按照"生气值"由高到低重新抄写了一遍。这个过程是讨论和抄写并存，所以融合了听觉、视觉和触觉学习的方法，让孩子们印象深刻。

很多育儿专家建议家长火气上来的时候要及时按下暂停键，但往往情绪上来的时候根本控制不住自己，这时候有些家长就会怀疑自己做家长的能力，家庭教育的自信心也受到打击。所谓说起来容易做起来难，但也不是完全没有办法。实战经验告诉我：

（1）当孩子看到你暴怒的表情时，他们的大脑更容易一片空白，他们能记住的是你的情绪，而不是到底发生了什么。

（2）偏"概括型"的孩子比较容易选择性地忘记不愉快的事情，当你还在持续生气的时候，他们已经翻篇了，然后你会更生气。

（3）有时候，我们是把个人情绪代入到和孩子发生的冲突中，其实孩子是无辜的。

（4）如果你的"队友"能和你保持统一战线，可以防止事态扩大；或者如果你作为"队友"能及时出手给予配偶实际支持，那就不至于出现不好收拾的局面。火气上来的时候需要按下暂停键，可以换一个人去主持大局。

我有一次故意说："老师怎么可以给三年级孩子布置这么多作业。"孩子马上说："妈妈你可千万不要投诉老师，他们是希望我们更好。"所以当孩子需要帮助的时候，我们在态度上一定要支持，战术上则可以巧妙调节。

有一天，放在钢琴上的一盆植物长出了一棵新芽，孩子和我一起浇花的时候我装作若有所思的样子，说："它冒出新芽了，一定是你们弹琴太好听，让它也想从土里冒出来听一听。"没想到，小女儿马上指着其他的枝丫说：

"这一株是爸爸，这一株是妈妈，他们肯定希望多生几个孩子来听我们弹琴。"说到这里，大女儿一个箭步冲到钢琴前开始弹最近学的好听曲子。我也就是随口一说，但她们的举动给了我很大启发。

如果说物质激励基本上都是家长给孩子的，那心理激励还可以分外在激励和自我激励。想让孩子能给予自己肯定，首先家长需要给他们示范怎么进行心理激励，否则孩子不会对自己的成就产生肯定。家长可以每天晚饭时或睡前，让孩子自己讲一下一天发生的事情，然后挑其中可以表扬的小事情、小的点去鼓舞孩子。如果家长看不见孩子的小进步，那孩子以后也不会看见家长的小进步。我们给了孩子正面、积极的心理暗示，孩子就会更容易认同自己，并每天从中吸收正能量，从而产生前行的动力。

学好爱的五种语言，先"说"队友的"语言"，再"说"孩子的"语言"，同时，让他们也知道你的"语言"，才能让孩子从五个方面看到爱的演示，学会表达爱。

怯于尝试

不少爸爸妈妈虽然很想给孩子读英语绘本，但因为担心自己语音语法不好误导了孩子，所以不敢读。几乎每次工作坊都有家长提出这个问题，这其实是由于家长骨子里的完美主义以及对自己能力的不自信而引起的。

没有完美的孩子，也不存在毫无瑕疵的父母。

术业有专攻，闻道有先后。爸爸妈妈不是先要成为完美的人才可以有孩子，那为什么一定要语音或语法完美无缺才可以给自己的孩子读绘本呢？回到刚才这个问题。首先，父母的声音天然就是孩子最亲近的声音，如果让孩子选是听父母给他们读绘本还是听音频，我相信大部分孩子会果断选择听自己的父母读，所以顾虑太多反而让我们在育儿路上裹足不前。其次，如果家长真的希望让孩子、让自己发音更纯正，可以把眼前的困难当作一个机遇，借助音频和孩子一起提升。没有人规定家长必须是时刻做好准备，在任何领域都全能。家长勇敢尝试，本身对孩子就是正面的心理暗示和行为示范。

除了不敢走出第一步，也有很多父母不敢尝试不同方法。同样是让孩子按时完成作业，如果对孩子说"七点以前做不完功课就不要吃饭"行不通，那可以尝试和孩子一起分析一下每门功课需要的时间，让孩子回家先做难度最高耗时最长的。如果这个方法仍然行不通，可以根据孩子的年龄特征、学习性格特点和"爱的五种语言"测试结果，设计出一个最优化的方案，并根据实际情况的改变而调整。

和孩子相处，与经营夫妻、朋友的关系一样，需要磨合，需要孩子和家长共同努力，并形成合力。

越俎代庖

孩子书包太乱，要不要帮他整理呢？

算术刷题和文科抄写太耗时了，要不要替他做呢？

太多这样的越界行为，导致孩子思想上产生依赖，更重要的是孩子在应该培养自理自立能力的时候，因为家长的不舍得而丧失了最好的时机。一方面，家长对孩子的能力没有信心，或者怕麻烦让孩子没有机会去尝试，比如怕孩子弄脏衣服而手把手喂养，不让孩子自己进餐，或觉得系鞋带太难、挡电梯太危险、书包太重，甘作孩子的"直升机"和"救火队员"；另一方面，孩子慢慢也会真的觉得自己不如父母能力强，永远没有办法赶超而对生活中的困难望而却步，只会等待救援。

我们在社会新闻里也时常看到六旬老人代替孩子去公园相亲，说明越俎代庖成为一种习惯，等待救援也成为一种习惯，而习惯的力量是可怕的。大学职业生涯指导工作和留学机构的工作让我有机会接触到很多大三大四的学生，当面临就业还是考研进退维谷时，他们大都把父母的意见放在自己的真实想法之前，甚至连研究生读什么专业都听父母的。这到底是谁种下的果呢？

我听说过一位妈妈陪孩子一起学钢琴，且不说音乐是不是这个孩子的一生挚爱，但妈妈真的学出了感觉，一口气考出了钢琴十级，而她的孩子除了为妈妈感到自豪以外，可能更多的是感到挫败。当然，我不是他们，无法去评判，我衷心希望这位妈妈取得成绩后不要炫耀，尤其是不要拿孩子和自己比较。妈妈已经证明她很"亮"了，什么时候才能轮到孩子同样发光呢？

很多家长都期望孩子对世界有批判性思维，而不是盲从，但我们扪心自问一下，又有多少家长常对自己的教育方法进行反思呢？

"我对孩子的要求会不会太高？"

"我对好孩子的标准会不会太单一？"

在竞争激烈的大环境中，为了不掉队不落后，家长习惯于横向比较，和孩子的同学比，和朋友的孩子比，甚至把孩子和自己比。当孩子的能力尚未达到期望值时，家长就容易焦躁和控制不住自己要帮忙的心情。我们不提倡横向比较，教育部门也规定中小学阶段不得按考试成绩进行排名，但其实就算不排名，同学们朝夕相处，孩子心里也很清楚自己的成绩在班级中的位置。

我们鼓励纵向比较，即用"今天的我"和"昨天的我"进行比较。不管是进步还是退步，孩子是你的孩子，别人的孩子永远都是别人家的孩子。建议家长在为孩子做事情以前先问自己两个问题：

（1）这件事孩子能自己做吗？

如果能，请不要剥夺他的练习机会。如果在班里，大家都会的事情，老师没有把机会给你的孩子，你可能会感到不公，而当你越俎代庖时，也是在抢走孩子的表现机会啊。如果不能，请问自己第二个问题。

（2）我希望他以后学会做这件事吗？

如果希望，那请放手让孩子去尝试，哪怕目测现在一定是失败的，也要让他有机会从挫折中爬起来，而家长只需要作为旁观者，保证孩子的基本安全。

要知道，为了节省自己擦桌子和洗衣服的一点时间而喂孩子，只能解决眼前困难，帮孩子一次两次，帮不了一辈子。

用力过猛，后劲不足

我以前在大学工作时，经常遇到这样的学生，他们考上了重点大学仿佛就已然到达人生巅峰，觉得无须再使劲，连高三的教科书都好似发泄般地撕掉扔掉了。很多学生离开了朝夕相处的家长，就一下子失去了目标，变得既迷茫又亢奋，直到大一结束评奖学金和荣誉称号的时候才开始后悔，这是典型的之前用力过猛而后劲不足的情况。

网上有这么一个段子，说为什么幼儿园的家长最焦虑、小学的家长最用力，那是因为到了初高中，家长将看不懂作业、辅导不了功课，也帮不上忙了。通过观察，我注意到大部分焦虑的家长会一直焦虑下去，不焦虑的家长却是因为有定力和底气，这个底气来自对自己和孩子的自信。

人无远虑，必有近忧。很多创业者把公司当作自己的孩子，而开公司都有企业愿景，就是你希望它最终做成什么样子，这跟培养孩子也有共性。焦虑的家长一般更关注眼前，也就是多"近忧"，而因为没有想过孩子的长远发展，容易因为"近忧"而过早地用力过猛。焦虑本身没有问题，是一种自然现象，克服焦虑需要极其强大的认知力、思辨力，还需要有克制力。

焦虑，无非因为两点，要么不自知，要么不知足。

家长会上老师常对我说："你孩子很聪明，但只用了六七成力，如果用上十分的力气，学习肯定会更好。"我回家虽然也原话转述了，但加了一句话："我觉得你可以悠着点，自己调整自己的节奏，人生长着呢。"然后一如既往地放任孩子自己去规划自己的学习。我的孩子们是偏"概括型"的，特别是老大，如果一年级全班倒数第一第二时我插手，可能如今三年级的她就体会不到通过自己努力，一步一步爬到中上游的自豪。我常常和孩子说，你们现在差没关系，差才有上升空间，暂时差是一种人生体验，没差过怎么知道优秀是一种什么感觉呢？而家长如果让整个家庭都因为孩子学习这一件事长期处于精神紧绷状态，那孩子非常有可能会后劲不足，甚至有一天垮掉。

如何应对焦虑是家长的事，但是完全可以和孩子袒露你焦虑的原因，而不是自己扛着，毕竟学习的主体是孩子。有焦虑情绪说出来，会让自己好过很多，可以让你重新审视自己的行为，也可以让孩子更理解你。全家人共同分担、共同抗压，有助于孩子成长，让孩子走得更远更稳。

没有认清现实，成功标准单一

中国学生不论在自己国家，还是在海外求学通常都会比较刻苦用功。我们所受的教育也告诉我们，学习并不总是意味着有趣，成功不是天赋异禀，而是"99%的汗水"。要在学业上有所追求，就要有悬梁刺股的精神，历经磨炼方能成为"人上人"，而这个追求成功的过程考验着父母的智慧和孩子的承受力。

国际学生评估项目（PISA）①是衡量全球教育质量最普遍的标准之一，全球范围内 50 万学子接受该项测试，而中国学生总是处于领先位置。不得不承认，得失一定是平衡的，学习成绩好一定是牺牲了很多休息和玩耍时间才换来的，而在学业上的成就离不开孩子、家长和老师的合力。

从来就没有完美的教育。

如果带着寻求"标准答案"的思路学习，那必然就会失去更多开放性的可能。创造力是人与生俱来的，大部分人在婴儿到青少年这个阶段，学习性格都是偏"概括型"的，孩子们都有天马行空的想法，不幸的是，目标单一地追求"标准答案"，思维模式长期固定，就会让天生的好奇心在训练中慢慢消失。

随着科技的进步、社会的发展，越来越多元化的"成功"在打破人们的原有认知，如果我们的教育仍然停滞不前，那显然无法适

---

① The Program for International Student Assessment，是经济合作与发展组织针对 15 岁学生开展的一个阅读、数学、科学能力评价研究项目。从 2000 年开始，每三年进行一次。

应时代。家长应该了解孩子的学习性格，更清晰和切合实际地协助孩子规划自己的人生，而非将自己单一的成功标准强加于孩子。

无视孩子变化，拒绝"反复"

是孩子，就有孩子气，成人都没办法保证内外兼修，凡事一步到位，那我们怎么能这么要求孩子呢？孩子不是 AI 机器人，不可能任何事说一遍就会了。

曾几何时，我也无数次自我怀疑，我也有过焦虑不安却得不到孩子理解的时候。直到有一天，我被一句简单朴素的话所点醒：孩子就是孩子（Kids are kids）。乍一听这是一句废话，可它却让我一下子冷静下来，有一种醍醐灌顶的作用。我活了三十几年，孩子才来到这个世界上多久，我凭什么要求她们一瞬间就拥有我们成人训练若干年才掌握的习惯和技能呢？我不应该把焦虑传递给她们，而应该正确对待和处理自己的焦虑情绪。否则，对孩子是不公平的。

己所不欲，勿施于人。

我青春期时很讨厌长辈说"你知道吗，你以前又乖又听话"或者"你以前很喜欢吃土豆，为什么现在这么挑食？"小时候我不知道怎么反驳，而且如果当时顶嘴铁定逃不过一顿数落。我不明白，为什么世界每天瞬息万变，别人的孩子可以长大，我就不可以有一些调整呢？

我有一个朋友，她认为自己的孩子有这样那样的"毛病"，所以送他去各种机构尝试纠正坏习惯、融入集体和学习生活技能，结果如她所愿，孩子慢慢变"好"了。因为不可能让时光倒退，所以无从得知如果这个孩子没有去机构学习，会不会通过自己的力量也达到同样的水平。作为旁观者，我不认为孩子的成长全归功于这些年上的"课"，我们不应该忽略孩子自己的大脑发育和成长。

家庭教育里唯一永恒的就是孩子的变，这个变就包括"反复"。

如果你可以接受孩子感冒的"反复"、过敏的"反复"，就请用同样的心态去接受孩子行为的"反复"和成绩的"反复"。当孩子还没有做得很好的时候，告诉自己，没关系，孩子尽力了；在孩子已经做得不错的时候，告诉自己，可能孩子会"反复"哦。

经常对孩子说这三句话

我看过一个视频，让家长和孩子分别给对方打分，结果孩子给家长都打了满分。我自己也在一个家庭教育的访谈中做了类似的测试，不论孩子年龄大小，请父母和孩子相互打分，在爸爸妈妈眼里只有六七分的孩子竟然都给父母打了高分！

一个四年级的孩子给爸爸打了9分，说扣1分是因为爸爸有时候太急躁，总是说她，而妈妈温柔打10分。我追问了这个孩子，她给自己打几分，没想到，只有5分，原因是她"数学也不好，语文也不好，英语也不好，什么都不好"。再来看这位爸爸，虽然聊起孩子满脸自豪，却只给孩子打了6分。当我把孩子给爸爸妈妈的高分和给自己的低分评价告诉家长时，爸爸当场就红了眼眶。

中国家长不太能说出口"我爱你"这样的话，但我们可以加一些俏皮的语气助词帮助弱化整句话的严肃程度，比如"爱你哟"，或者换个更符合中国文化和语言习惯的说法，比如"爸爸妈妈觉得你很棒"。

当然，"你很棒"这句话比较空，一定要加上具体为什么棒。

我认为这种表达应该渗透到孩子成长的每一天，而不是只有在孩子很小的时候说。如果孩子长大了，我们既没有了"你好棒"的夸奖，又没有了肢体的拥抱，只有逢年过节才给孩子买些小礼物，平时孩子面对的只有无穷无尽的数落和唠叨，那该是多么令人遗憾呐。

家长最容易犯的错误之一是老用反问句开头，比如"你怎么又……""你为什么又……""你难道不能……"。当孩子把这三个万能句式举一反三、活学活用之后，就等着被你孩子气到爆炸的老师给你发消息吧。当然，你自己时不时也会被他们这种灵魂拷问问到难以呼吸，心想：怎么说话的？再转念一想，你那模仿能力超群孩子还能从谁哪里学呢？

我也是被孩子们怼过以后才恍然大悟，发誓痛改前非的。反问句可以换成一般疑问句，或者就用列举事实的陈述句。比如：把"你怎么还是不会？"改成"你现在会了吗？"或"我觉得你已经会了"。拥有"好好说话"的能力，能让孩子以后在更广泛的社交时表现出更高的情商，那么，从现在开始，家长就应该言传身教，尽量把这种批判式的反问句改成启发式的一般疑问句，并引导孩子把生活中与人沟通的每一句话都说好。

有时候，"闭着眼睛、昧着良心"说话也是很好用的。比如我明明知道自己孩子字写得不好看，当然她们自己也心知肚明，但是当我看到她们练字的时候，就会故意说"要不要写得那么好看，我以为是字帖呢"，结果是她们越写越认真，字越练越好看。

当然，父母还可以从"不要脸"地请孩子鼓励自己开始。比如"我辛辛苦苦做了饭，你们开始吃之前不应该表示点什么吗？"这种求表扬、求关注的表现不仅可以活跃家庭气氛，更可以让孩子拥有发现家长优点的眼睛。

　　幽默是一种更高级的表达。对于大部分偏"概括型"的孩子，幽默是一个让亲子关系缓解的台阶，更是一种迅速拉近彼此距离的方式。比如，当看到孩子刷牙停住不动的时候，你可以试试说"你是在刷牙还是在吃棒棒糖呢？"毕竟幽默要比说教更容易让人接受。长大后，孩子也许不会特别记得你说的哪句搞笑的话或严肃的话，但是会有一个印象：我的老爸老妈是可爱的还是无趣的。

　　有些话，看似普通，实则蕴含非凡的能量。以下三句话请一定渗透到每一天和孩子的相处中，可自行填空，唯一的原则是把横线上的话往具体里说。

　　·对不起 _____

例如："对不起，爸爸妈妈刚才没控制好情绪"，"对不起，是我没有考虑周到"，"对不起，妈妈刚才这么说情商太低了"，等等。

· 谢谢你 _____

例如："谢谢你今天没有让妈妈难堪"，"谢谢你主动给大家分了筷子"，"谢谢你洗澡时间很短，节约了水"，等等。不管孩子是做了还是没有做什么，只要出发点是好的，都是可以表扬的。比如双休日妈妈想睡懒觉，爸爸起床早看到孩子们想要弹琴，爸爸善意提醒孩子们等妈妈起床了再弹。此时，如果孩子们听了劝告，把钢琴合上了，爸爸最好加一句："谢谢你接受爸爸的建议，没有打扰妈妈睡觉。"

现实生活中，感谢孩子做了什么具体的事，还是比较容易做到

的，但孩子因为自制或懂事而没有做的事，往往容易被忽略，我们通常会忘记表扬他们。

· 我喜欢 _____

例如："我喜欢你今天自己搭配的衣服"，"我喜欢你刚才的创意"，"我喜欢你和妹妹说话的语气"，等等。

个人认为，这三句话里"杀伤力"强的一句话是"我喜欢……"，因为它把爸爸妈妈的主观"喜欢"放在了句首，而大多数孩子心理上需要时时得到长辈或同伴的认可和鼓励。爸爸妈妈喜欢的可以是孩子天生的条件，比如"我喜欢你唱歌的声音"，"我喜欢你头发的颜色"；也可以是孩子后天的努力，比如"我喜欢你的坐姿"，"我喜欢你刚才弹的曲子"，"我喜欢你刚才的思考，实在太缜密了，以后可以往侦探方向发展呢"。总之，"全靠演技"不是吹的，但又要有理有据。因为我们的鼓励不是"我相信你一定能做好这件事"，而是"我相信你一定能做好你自己"。

教学：教材和方法你都选对了吗？

学习材料适合你的孩子吗？

挑书可是个技术活，不然为什么网上那么多书单会火。在去美国国家阅读学会参加认证讲师培训前，家里买了好多童书，中文的、英文的读物，自然科学类、故事类样样都有，俨然一个小型图书馆。一开始我是秉承着对我喜欢的内容兼收并蓄的原则，在书店和网上给孩子挑书，打开快递把书展示给孩子的时候，满心期待孩子对书本渴求的眼神，但是后来发现，孩子们对这些五彩缤纷的书仿佛有了免疫力，即使家里每个空间都能看到书，也没有达到预期效果。

原来，孩子们也和我有一样的想法，"我不要你喜欢，我要我喜欢"。后来我意识到看书的主体是孩子，所以挑书的主体也应该是孩子。我就改变了方式，休息天带她们去书店，暑假去上海书展，因为现在她们还在小学低年级，而且并没有表现出偏"解析型"学习性格的一面，那让她们徜徉在无限的书海里等于给了她们很多选择的机会，偏"概括型"的孩子本身就更偏好自由选择，而不喜欢被给予特定的读物。明白了这点，我自己在网上书店购买书的时候，也会让她们自己选好想要的书放到我的购物车里，而我则给予一定的预算，比如每人每月 50 元，这个月用不完的可以放

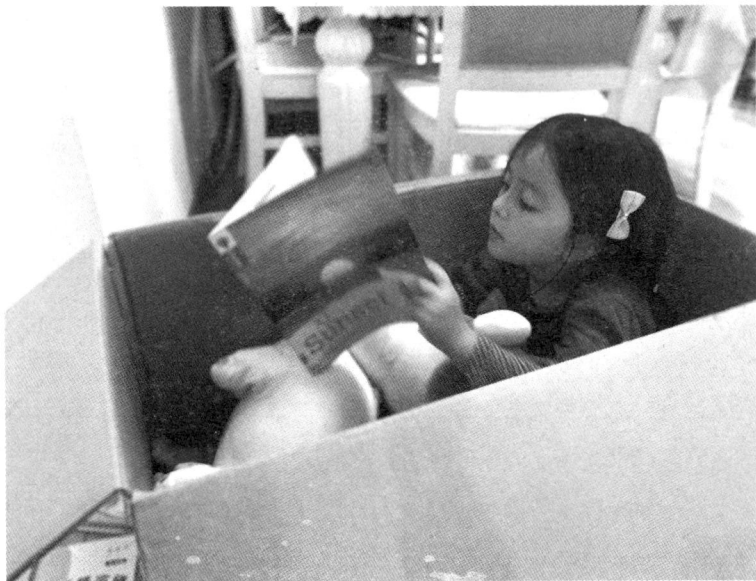

坐在纸板箱里看书的小女儿

在下个月下单时累加。当然，这个"钱"也请她们各自根据实际购买情况和结余情况写在自己的记账本上，由我来签字确认。

这样的结果就是，她们会对网购的书有期待，当快递员送书上门时，她们同时享受到了"拆礼物"的乐趣，更重要的是，她们自己买回来的书的打开次数明显比我买的那些闲置书高多了。我本身也是偏"概括型"的妈妈，没有要求孩子们把书分门别类放在书架上，我允许孩子们把书放在边桌上、沙发上、床头，甚至厕所的推车上，也没要求她们坐在特定的地方阅读。

人都喜欢看和自己实际水平相当或略低的读物，否则难度就会成为最大的拦路虎。同样的内容，我们应当挑选符合孩子现有认知水平的书。

绘本的功效想必不用我赘述，但绘本字比较少，如果孩子已经有了一定的识字量，那就可以过渡到漫画书，再过渡到带图的拼音书，然后到没有拼音有图的，最后到没有图的。这个顺序可以倒退，但不可以跳跃。有的孩子到了可以看纯文字书的年龄，也会喜欢看漫画，很多大人也一样。文字基础弱的孩子适合看漫画，难度正好匹配，而太早识字跳过绘本环节的孩子则会对以图片为主的漫画缺乏想象力和理解力。

现在有很多童书馆，里面有大量儿童读物，会根据孩子年龄、阅读水平和书本身的种类进行分类。我赞成阅读是泛读、精读相结合，在图书馆里泛读，在家里和家长、在学校和老师一起精读，最后修炼出自主阅读能力。

不合适的教学方法令全家痛苦

研究表明，大多数学龄前的孩子属于偏"概括型"＋偏"触觉／动觉型"学习者，所以他们注意力更容易分散，往往不适用目前常用的教学方法，也更容易产生挫败感。纵观我们身边的教材和教案，大部分教学内容和方法都是偏"解析型"＋偏"视觉型／听觉型"的，例如中文的拼音、英语的自然拼读、数学的乘法口诀等，并且语文课和英语课上每新上一篇课文，老师也都是先讲生词和句型，然后再讲课文本身。

由于大部分老师的教学方法是以口述为主（听觉），伴以板书、视频或多媒体（视觉），偏"听觉型"和"视觉型"学习性格的学生比较容易吃透；而如果这个学生还是偏"解析型"的，那就更容易成为学霸了，因为偏"解析型"的孩子抽象记忆的能力很强大。这点在小学、初中阶段尤为明显，这些孩子执行力强，把刷题作为"通关打怪兽"的任务，相对也有比较强的时间观念，容易养成良好的学习习惯。但当老师请这些学霸辅导其他有困难的孩子时，他们往往不太擅于想出有创造性的方法帮助别人弄懂难题，他们往往是从应用题的文字直接得出算式，跳过图这一步，而不是把文字先变成图示（思维导图或只是简单逻辑转化）再变成数学算式。

如果你的孩子和我一样也是偏"概括型"＋偏"触觉／动觉型"学习者，那我们会更喜欢老师用这样的方法教我们：在学习新知识时，先给出生动的背景介绍，并且这个背景是和我们熟悉的已知内容相关联的，然后给出一个大框架，用大量例子让我们产生共鸣，同时准备一些需要动手操作的活动，允许我们在听课时坐得不那么端正，在不影响其他人的情况下可以搓搓手、抖抖脚；或者用画图表的方式来解释代数，帮助我们理解分类等。

然而，如果我们的老师更习惯和倾向的教学方法是偏"解析型"＋"视觉／听觉型"的，例如把大量上课时间花在讲解细节，然后再像拼图一样拼成要讲解的全部板块，那偏"概括型"的学生要吃透就会无比费劲。空间有限的教室、一成不变的坐姿也比较不利于偏"触觉／动觉型"学习性格的孩子的发挥。这样，偏"概括型"＋偏"触觉／动觉型"学习性格的孩子就需要比其他同学多一步，把老师教的内容转化为属于他们自己的理解模式。别小看这一步，可能就是这一步拉开了他们和同学之间的差距，因为考试往往也是解析类题型偏多，考卷前几大部分一般都是所谓"基本功"题目，后面才会有解法较为灵活的开放式题目（而开放式题目也被整理出很多答题套路），这些都可能成为令他们困惑的地方。

因此，如果孩子学习有困难，不一定是孩子出了问题，有可能是教材和教学方式不适合孩子，这也是我做了外籍孩子的全科老师和双语教师培训以后才意识到的一点。大部分孩子是偏"概括型"的学习性格，而现在的教育方法基本是以偏"解析型"为主，这一偏差或者说不匹配让很多孩子学得痛苦，家长也跟着痛苦。

我们在学校里对老师开展的调研也佐证了这一点。我们让老师们做了两个小测试，一个测试是看他们思维上是偏"概括型"还是"解析型"，另一个测试是看他们感官上更偏向视觉、听觉或是触觉／动觉中的哪一种。第一个测试结束以后，我们让所有老师按照分值排队，房间左边按照分值高低排队的是偏"解析型"的老师，右边则为偏"概括型"的老师，我们经常可以发现比较多的教师是偏"解析型"的学习性格，而他们往往并没有意识到自己的学习性格和大部分学生有差异。

如果老师、教材和教学方法，也就是"谁教""教什么"和"怎么教"均偏向于"解析型"，那对于大部分偏"概括型"的孩子来说不太公平，且他们也不容易被老师和家长理解和接受。我们可以从实际测试结果看到，在分值两端（也就是比较极端的"解析型"和比较极端的"概括型"）的老师也不是没有，其实无论是特别一板一眼的老师还是特别情绪化的老师都不太适合任教，不适合单独去面对一群学习性格类型丰富和特点迥异的孩子。

我们让老师们排队并拍下照片的另一个用意也是希望学校负责教学的主管老师或校长能意识到教师自身学习性格的差异，并在搭档教学（co-teaching）上有一些参考依据，让有着不同思维模式倾向的老师做搭档，比如让一位偏"解析型"的老师搭配一位偏"概括型"的老师，或让感官上偏向性不同的老师在一起工作，这样他们共同设计出来的备课方案、实际上课的方法和让学生呈现的汇报学习成果的形式就能兼顾不同类型孩子的学习需求和适应方式，让班级整体的学习水平上升。好老师不一定是"解析型"和"概括型"各一半的学习性格，也可以是比较偏向某一种，我们的目的并不是要改变老师的学习性格偏向，而是让老师可以更好地理解两种学习性格孩子的差异，想办法用多种方式备课，尽量覆盖到所有类型的孩子。这才是教师培训的根本目的。

实际情况中，懂教育又懂教学的好老师是很稀缺的。大部分教学活动需要由一位老师完成整个教学流程，而教学任务繁重、教学压力大，班级人数众多，老师们往往无暇顾及每一位学生的学习需求。一两次的教师培训，并不能使老师很快调整教学方法，匹配所有孩子的学习情况，但我希望他们能给不同学生尤其是暂时没跟上、没听懂的孩子多一些理解。要知道，当我们让老师做了一份问卷调查后，他们很多人才意识到"怎么学"和"怎么教"竟然并不是一回事！也有一些老师并不喜欢自己当下的教学方法，愿意更多地去开发适合不同学习类型的孩子的上课方法。

一线教师尚且对自己、对学生有认知缺失，更不要说不从事教育、心理、大脑方面研究的家长们了。我们希望给家长们提供更多思路和可能性，让家长有机会从本质上了解自己和孩子到底在经历什么，以及怎么办才能让自己开心地去完成"不得不"完成的任务。

举个例子，有些学校组织的英语节会设计不同的比赛展示环节，有的是拼词比赛，有的是演讲或辩论，还有的是歌舞剧，这些形式都很好，但如果只有拼词比赛，那谁将最有可能成为大赢家？必定是那些偏"解析型"和偏"听觉型"学习性格的孩子，因为他们很可能只需要听到整个单词的音就可以一个字母一个字母口述拼出来，这是纯基本功。如果只有演讲比赛或辩论，那也同样有利于偏"听觉型"的学习者。而音乐剧、课本剧则会让偏"概括型"和偏"动觉型"的孩子大放异彩。倘若老师们对不同的学习性格有足够理解，就会在设计英语节的环节时最大程度地考虑到每一种学习性格的孩子。这需要老师敞开想象力，设计出尽可能类型丰富的成果展示手段，让每个孩子都有机会用自己擅长的方式去展现。

如果用是否能通过"拼字比赛""口算小达人"等考验来断定谁是好学生，谁不太聪明，这对大部分孩子来说是非常不公平的，偏"概括型"的孩子不太擅长记忆抽象的东西，不像偏"解析型"的孩子，他们不需要知道为什么要背单词，测试全对和能记忆很多本身就能让他们成就感十足。

不必为你的孩子在这些比赛或测试中没有取得好成绩而灰心，更不能仅仅凭一种类型的测试结果就去否定孩子，要知道此路不通还有他途。

这些学习方法不是万能的

当我们掌握了孩子的学习性格密码，再去匹配与之适应的教学方法，会比任由孩子漫无目的、毫无头绪地学习，效果好得多。学习本是愉悦的，是一种天生的能力，而且学习能力可以通过不同学习方法进行操练。

我有个好朋友，她在怀孕时做了很多育儿功课，接触了世界上三大比较知名的幼儿教学体系：蒙特梭利、华德福和瑞吉欧。这几个体系各有特色，都有众多拥趸。她花了大力气把孩子送到了一家老牌蒙特梭利幼儿园。在蒙氏园里，老师大部分时间扮演"观察者"的角色，让孩子通过自由"工作"来学习。然而，每天没有固定、常规的安排却让这个孩子手足无措。后来他转到了一个公立幼儿园，园方有很强的学期规划、每周教学安排，他反而特别适应。

可见，学校的风格和孩子的学习性格也需要吻合，这个孩子明显需要身处有框架安排的集体中，更喜欢由师长布置任务。对于这样偏"解析型"的孩子，比起让他走进有太多选择的图书馆畅游，他可能更喜欢由师长推荐读物，并会从完成这些阅读任务中获得成就感和满足感。

这里我挑选了学校外的四种学习方式简单分析一下，其中两种偏传统，即课外班和一对一家教，还有两种是利用硬件和软件进行的学习。

课外班

有研究认为，一个人潜能的力量是意识力量的3万倍！正常人的脑细胞约有140亿—150亿个，但被开发利用的不足10%，其余大部分都处在休眠状态，即便是大脑兴奋的时候，也只有

10%—15% 的脑细胞在工作。有一些家长听到这个信息异常激动，纷纷踏上开发潜能的"不归路"，不把孩子的天才细胞挖掘出来不罢休，社会上也出现了无数传授速记速读、珠心算的机构。速记、速算法或许能在短期内让孩子的记忆、运算能力提高，但这是一种较为极端的"解析型"的方法，可以给偏"解析型"的孩子带来成就感，却缺乏创造的空间，而学习的范畴除了客观知识外还有很大一部分是想象力等个性化的内容。

如今课外班盛行，或许存在即合理。不过，对其效果究竟如何，也有一些不同看法。网上有个段子问：你以为课外班是上香，心意到了就可以了？的确，课外班占用了孩子休息、娱乐和家庭成员相处的时间，还需要家长风雨无阻接送，如果能坚持，这件事对培养孩子的毅力和责任心是有帮助的，关键在于孩子的动力如何，毕竟在去不去这个问题上，话语权基本还是在家长手上。

举个例子，我一个朋友的女儿自然拼读没学明白，经常和拼音混在一起，其实这个现象很正常，然而我对朋友的开导似乎丝毫没有降低她的焦虑和把孩子送到课外班的决心。我告诉她，自然拼读的发音不像国际音标是可视化的标准读音，而是靠听力和记忆，既然这个方法不是适合所有小朋友的，就必然会有小朋友消化得稍微慢点。可能就是因为孩子并不是偏"解析型"＋偏"听觉型"的学习性格，所以对孩子来说有些困难。如果这时候家长仅仅认为是孩子在学校没学好，课后需要报自然拼读的补习班，那对孩子来说就是雪上加霜。从来没有人说自然拼读或背单词背课文是学习外语的唯一途径，哪怕在美国，从 19 世纪下半叶开始，"自然拼读法"和"整本书阅读法"就像钟摆一样在教育界开始了风水轮流转。结果是，两种方法没有办法在同一时期适用于所有孩子，那么不管课外班老师还是学校老师，最关键的是了解孩子的学习性格特点，结合所有他们能想到的方法去"传道、授业、解惑"。

不过，孩子的社交需求也不容忽视。大部分孩子害怕孤独，喜欢集体活动，部分孩子在学校时的课堂表现和学业表现均远高于在家的表现，他们往往在学校能更快速地完成课堂作业，而回到家里则拖拖拉拉。如果你的孩子明显表现出对集体和同伴的向往，课外班其实不失为一个迎合这一社交属性的选择，可能在他们眼里，同伴给予的除了师长希望或不希望的竞争，更多的是陪伴。

一对一家教

家教这种方式只适用于那些喜欢和师长进行实时互动的孩子，而不适用于喜欢和一个或几个同龄人共同学习的学生。

社会性需求和孩子的学习动力也有一定关系。如果孩子需要权威，即时给予反馈，那"一对一"就有一定的正面作用，也会给孩子带来正向动力。但请告诉孩子，家教不是长久之计，逐步会减少频率，而不是让孩子觉得学习就是这个模式。我们可以从每天一次，到一周三次，到一周一次……到最终实现独立学习。如果更周到一些，还可以给孩子制订学习计划，并让他自己追踪进展，提高学习主体即孩子的主观能动性和参与度。

但如果你的孩子不喜欢总有个权威人士在旁边指导督促，而是喜欢一个人，那么家教这种形式就不适合了，因为它所带来的"人盯人"压迫感容易激起孩子的逆反心理和厌学情绪。

电子设备

说到硬件，无论是传统的电视、电脑，还是移动互联网时代的手机和 iPad，家长们无不担心孩子眼睛看坏。这不无道理，那么怎么用好这些设备呢？

2018 年我在做手机品牌访谈时，客户问起中国家长们是如何对待"屏幕时间（screen-time）"的，八成家长用的方法是藏。有一位家长每天藏一个地方，到后来自己都找不到了。我们大人每天也避免不了使用移动设备，孩子们看到的画面就是我们也在盯着屏幕，即使我们是在工作、读新闻、和别人联系。所以，电子设备不是洪水猛兽，家长不应该用双重标准来对待电子设备的使用问题。

在我家里，电子设备就像其他生活用品一样摆放，并没有通过藏来增加它不该有的神秘感。我们可以在日常生活中用行动演示这些设备的"工具感"，而不是"玩具感"。当然，我说的"工具感"并不是在孩子吃饭时放一个 iPad 让他们边吃边看。

当孩子问我们问题时，或者我们自己遇到困难时，可以让孩子亲眼看到我们是如何使用这些设备来帮助我们生活得更好的，比如查阅资料，比如用移动设备上的社会新闻来替代某一天的亲子阅读时间的阅读材料。同时，也可以给孩子一定的自由度，比如在移动设备上下载新的软件，由于硬件的内存有限，所以我让孩子们在每下载一款 APP 前斟酌一下删掉哪个不常用或不再喜欢的。孩子们也会通过自己搜索或询问老师和同学来选择下载哪一款。

还有一个硬件也很受家长欢迎，那就是点读笔，有些家长会产生疑问，点读笔的使用会不会让孩子形成依赖？我们可以看到，点读笔同时满足了视觉、听觉、触觉和动觉各个感官的需求，它在听说阶段已经满足了孩子的基本学习需求，如果孩子还能在师长指导下把听到的重点记在纸上，那就更能通过触觉来强化夯实记忆，以便今后运用了。这就何来依赖之说。

最后我认为 AI 机器人也是孩子学习的好帮手，智能互动让获取知识更加便捷，加快了知识传递的速度。多听还能帮助听力不是特别敏感的学习者强化语言组织能力，进而提升演讲和沟通能力，因为 AI 对话目前还是以"关键词"的搜索来实现，那说什么关键词本身也起到了帮助孩子提炼重要信息的作用。

在线教育软件

远程教育最早在 20 世纪 90 年代兴起于美国，而随着移动设备的普及，我们的孩子一出生，在线教育就已经在那等着他们去探索了。录播的视频课、音频课让知识和信息无时无刻不环绕在我们周围，一对一教学也不再受限于地域环境，大量一对一教学资源纷纷转战在线陪练和视频教学平台。

我们看到，视频网站上那些 UP 主①自发录制的教素描、教编程、教化妆、教英语的视频已经拥有大量愿意付费的订阅者。大数据也显示，有知识付费意愿和能力的人群呈现年轻化的趋势，这在社会进步的宏观环境下是可喜可贺的，人们自发地搜索和探索自己的学习机会与可能性，并善于运用手头各种学习途径，而他们的下一代则从出生就自带互联网学习的基因。

会主动搜索学习内容的人一般已经拥有了学习的动力，而大多数未成年人则还是由家长来主导选择学习平台和软件。

我本人非常赞成，孩子在家长帮助下通过优质软件进行探索和练习，不论是口算、英语听力、分级阅读还是编程、绘画、音乐陪练，

---

① Uploader，网络词汇，指在视频网站等上传视频、音频文件的人。

如果软件设计兼顾了学习者的学习性格，在思维上既给偏"概括型"的孩子带来互动感，又让偏"解析型"的孩子看到清晰的结构性，在感官上背景音乐可开可关，视觉宜人传递美感，触觉上让孩子滑动手指，如果还能定时，时间一到就提醒"小朋友，已经玩了 20 分钟，可以起来活动一下咯"，那就是一款值得一试的学习软件。

　　同样是阅读，如何知道孩子读完后真正理解了？同样是编程，如何知道孩子学进去了？孩子会用他们的方式反馈给你什么方法最适合他们。

　　这个方法行不通，就换一个方法，多尝试，让孩子在变化中总结，并逐渐脱离对家长的依赖，最终找到最适合自己的学习方法。家长总是帮忙选择，孩子会越来越困惑；让孩子自行选择，虽可能走弯路，但越选越清晰。学习本身都需要付出，但是获知孩子的学习性格，尝试用更多适合孩子的方式去匹配他们的需求可以说就是一条捷径。

5

品质时间构成了金色童年

这个世界上，只有时间最公平，无论贫穷还是富有，疾病还是健康，每个人每天都只有24小时。时间总量一定，但是分配权利在每个人自己手里。

　　上有老下有小的我们最害怕的就是老人和孩子生病，对他们健康的担忧和病床前的照顾让我们身心俱疲，如果还有工作，我们更恨不得一天有 48 小时，而自己根本不敢生病。这个世界上，只有时间最公平，无论贫穷还是富有，疾病或是健康，每个人每天都只有 24 小时。而当我们给孩子的生活塞满了各种安排，他们并不一定知道自己对自己的时间（也就是自己的生命）有掌握和说"不"的权利。

　　从第 2 章我们了解到，偏"解析型"的人天生就会比偏"概括型"的人更有时间观念。偏"解析型"的人做起事来更有条理和紧迫感，有些极端的甚至认为睡觉都是在浪费时间。可偏偏大多数成人和孩子比较偏"概括型"，这些人在工作学习中有了任务感和时间界限，才会强迫自己按时完成，而在非工作环境中，他们对时间的掌握就比较随意。换一个角度而言，偏"概括型"的人更能全身心享受休闲时光而没有负罪感。拖延症是绝对不会在偏"解析型"的人身上发生的，他们希望拿到任务就马上去执行，完成了马上打勾，如果没有被布置任务，就自己去寻找任务完成。

清楚了这一点，我们来看看平时生活中，不同学习性格的家长和孩子在一起会发生什么情况，毕竟上学上班还是一件非常需要有时间观念的事。

当偏"解析型"家长遇到偏"解析型"孩子

这种情况比较少见，但不代表不存在，因为双方都是偏"解析型"的情况就不太寻常。如果主要看护人非常有时间观念，孩子在内在思维模式以及偏"解析型"看护人的影响下，做事极有条理，那就非常厉害了。作为家庭中其他偏"概括型"的成员，需要做的或许就是适时帮助孩子放松。

当偏"解析型"家长遇到偏"概括型"孩子

简而言之，就是比较追求完美的家长遇到什么都无所谓的孩子，家长会完全无法忍受孩子拖拖拉拉毫无时间概念的表现。家长就会时常忍不住要催促正在发呆的孩子，而孩子看到的家长则永远是凶巴巴的。

当偏"概括型"家长遇到偏"解析型"孩子

我有个初中同学，有一次在聚会上说她孩子对时间特别敏感，一天到晚跟爸爸妈妈说："快点快点，我上学要来不及了。"每次出门旅行，要不是孩子盯着时间，他们全家好几次差点错过火车和飞机。我同学笑称她孩子一定投胎投错了，到底谁是家长？

当偏"概括型"家长遇到偏"概括型"孩子

可以说大部分的家庭都属于这个类别，家长认为只要不迟到就可以了，不会提前到达目的地，孩子更是悠然自得，觉得踩着铃声进教室刚刚好。

从以上排列组合中我们看到，第二、第三种情况都是家长的学习性格和孩子相反，家庭中会更容易产生不和谐甚至是比较激烈、不可调和的矛盾。孩子和家长都不肯妥协或难以改变自己，却试图让对方理解自己并改变对方。倘若你的伴侣和你也不是同一个类型，那经常是一个在吼孩子，另一个不知所措。而第一、第四种情况，由于家长和孩子的学习性格在思维模式上是相近的，所以更容易理解和体谅对方。

想要改变他人本身失败率就非常高，我们能做的是在理解对方的思维模式以后根据实际情况作一些小的调整。

日常生活中还有一个现象不知道你注意到了没有？有些人是"早鸟"，早起学习效率特别高，还有一些呢，则是越到晚上脑子越清楚。无论谁都不会一整天保持满满的学习活力，一定会有偏向性。虽然问"什么时候学习最有效率"这个问题对孩子们的学习生活来说比较不切实际，毕竟上学时间不会因为孩子晚上学习更能集中注意力而换到晚间，也不一定能在实际操作中有特别大的调整，但是家长起码能通过葛妈的"学习性格测试"了解孩子对学习时间的偏好，对他们的行为给予一定的理解和必要的支持。

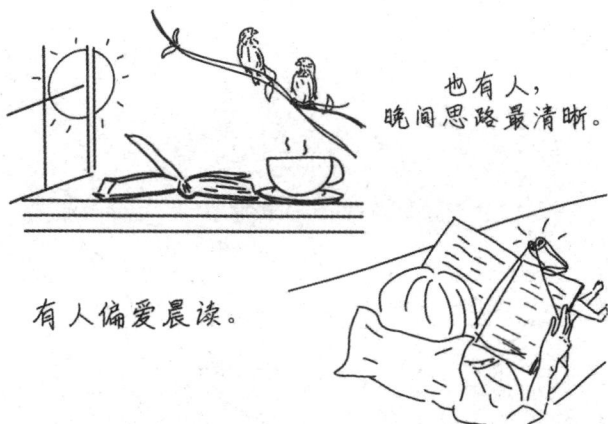

也有人，
晚间思路最清晰。

有人偏爱晨读。

时间是怎么跑到孩子脑袋里去的？

时间对于孩子来说是一个抽象的概念，当你的孩子大概率是偏"概括型"的时候，作为家长就应该把这个抽象概念具象化，时间具象化就是钟表。

看不见、摸不着的时间是怎么进入孩子小脑袋的呢？我们需要让它看得见，摸得着。孩子在学龄前到小学低年级，还无法理解表盘，时常搞不清表盘上时针和分针的关系，"为什么数字 1 和 2 之间有时候表示 1 个单位，有时候表示 5 个单位？"他们总是会在这些我们看起来很基础的问题上弄错。因为他们认为这很有难度，所以自然也不想去理解，觉得自己能力达不到，也因此会被一些家长指责太笨。

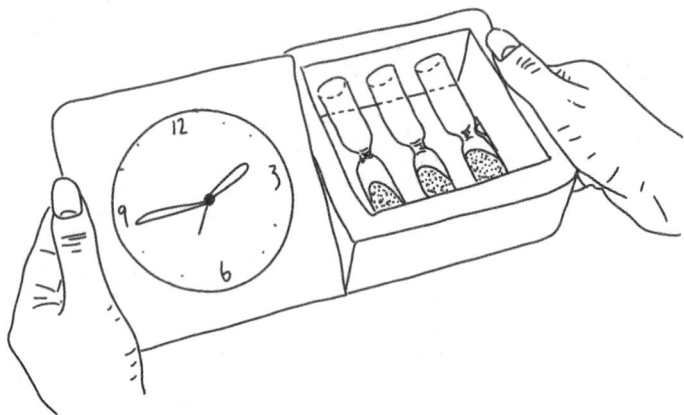

让时间"看得见"

家长大可以一步一步来，先购买显示数字的电子钟表来给孩子过渡，家里当然也需要有其他形式的钟表，在每一天的操练中慢慢告诉孩子表盘和电子数字的关联，培养时间观，而不要追求一步到位。

沙漏是古人计量时间的利器，上面没有流下来的沙子代表未来，已经流下来的则代表过去。它是我最喜欢送给小朋友们的小礼物，因为它就是"看得见"的时间。小朋友做作业时使用它对集中注意力尤其有帮助，沙漏能让他们意识到不管是抓紧做作业还是拖拖拉拉，时间都在慢慢流逝。

让时间"摸得着"

教孩子们使用闹钟、移动电子设备上的计时器、秒表等工具，能让他们从"触觉"中深化对时间的理解，知道时间的长短，更知道时间流逝不可逆。

孩子们洗澡时戏水比较容易忘记时间，要是盆浴，水会变凉容易感冒，要是淋浴，水哗哗哗地流很浪费。我也说教过多次，比如告诉女儿世界上有很多小朋友没有干净的水洗澡，还给她们看了网上的图片和视频。她们当下感触很深，可一到洗澡就又忘记了。后来，我用了个闲置的手机作为孩子们的计时器，让她们自己设置 15 分钟洗澡，但是大部分时候计时器叫了，她们还在浴室里，也没有办法湿哒哒地跑出来把手机按掉。后来我入手了一个防水的扭转式计时器，并固定在了浴室墙上，孩子们进去就自己定时 15 分钟，即使在洗澡的过程中她们也可以透过玻璃看到还剩多少时间。

它的存在不仅解决了时间"看不见"的问题，还让孩子自己去转动转盘，让她们"摸得着"时间，这对偏"触觉型"学习性格的孩子来说，尤为重要。

形成规律的作息，养成良好的习惯

形成规律的作息

说到学习肯定绕不开学习习惯，而学习习惯最核心的一点是让孩子从小有时间意识。时间意识可以从婴儿时期就开始培养。

大家都知道，吃母乳的孩子是按需喂养，吃奶粉和混合喂养的孩子是按时进餐。但哪怕是全母乳喂养的孩子，比如我的两个女儿，还是可以以家长为主导逐渐建立规律的作息。由于母乳容易消化，孩子饿起来很快，一开始确实逃不过混沌的"母乳大战"，熬过近一年亲喂我才接触到"睡眠训练"，渐渐意识到睡觉程序的重要性，虽然过程有纠结有"反复"，但是个人认为非常值得，因为起码我不再感觉自己是"一头随叫随到的奶牛"，我对生活重新

有了掌控感。

调整好孩子吃奶的作息以后，每晚六点左右，我们就开始给孩子洗澡，给她们换上干净尿布、套上无袖睡袋，然后放在婴儿床上，再拉上窗帘、开夜灯、放音乐，然后我们自己哼唱或讲故事，同时用手轻拍孩子或握着孩子的手，让孩子学会自己入睡。

小学以前两个孩子都是每晚七点上床睡觉，孩子们卧室门关掉的那一刹那，才是我和先生真正享受夜生活的开始，我们终于可以定心吃晚饭、看连续剧。孩子们到了小学低年级后，晚饭时间变成了我们四个交流一天发生了什么事情的时间，于是，我们把睡前故事时间延后了半小时，她们七点半上床，我和先生一人带一个讲故事，时不时交换孩子，八点正式睡觉。小学高年级时因为作业开始变多，所以不得不八点上床，八点半才能熄灯，这只能随着实际情况的变化而调整。

养成良好的习惯

关于小学学习，流传着这样一种说法：一二年级基础不行，三四年级分水岭，想跟都跟不上。老师会强调出现这种情况就是由于一二年级没有养成好的学习习惯，而家长们懊恼又焦灼，觉得小学一二年级没做好，就会一步错、步步错，一切都晚了，之后孩子将无法完成每天的作业，无法达到老师的预期，然后影响升学，影响一生！

这种说法有一定道理，但并不绝对，人是有调节能力和学习能力的，家长不要被一时的不如意打击到，从而把焦虑情绪传递给伴侣和孩子。其实，孩子在小学低年级时小动作多、思想无法集中、时间观念淡薄，这些都非常正常，并不代表孩子"笨"或者"不好"。

做作业慢，这是一个表面现象，家长大可不必如临大敌。这种情况发生在大部分家庭，几乎所有孩子都是"做作业慢星人"。的确，这都可以归类为学习习惯没有养成，但是还有一句话叫"任何时候开始都不晚"，不是吗？罪犯还有改过自新的机会呢，你的孩子只是一个刚来世界没几年的新人，在大脑发育、知识结构、生活阅历都暂时无法和大部分成人媲美的年龄，却需要进行大部分成人都在挣扎中摸索的时间管理，这种要求本身就是不公平的。

有的家长会说："学校作业多，孩子不抓紧就会影响他们的睡眠，孩子睡眠不足就会影响大脑发育和身体健康，所以我们才会希望孩子自己自觉点，快点完成作业好早点睡觉。"

这个顾虑我也有，大部分家长都很重视孩子的身体健康和生长发育，现在中小学阶段的减负也说明教育部门和学校也不赞成孩子牺牲睡觉时间做功课。我身边有过好几例这样的情况，家长一开始过于追求学习成绩，久而久之孩子由于精神压力和睡眠不足，注意力更难以集中，导致恶性循环，孩子很小就厌学，甚至出现抽动等症状。家长到这时候才意识到身心健康的重要性，愿意往后退一步，降低自己的期许和对孩子的要求。我们希望这样的情况越少发生越好。

我们来看看通常大家认为的好习惯都有哪些？比如按时交作业，知道时间安排要"前紧后松"，按照师长的布置完成作业，学习时安静且环境整洁，做好一项作业就放到书包里，提前准备好第二天的书本，做好预习工作等。大家有没有发现，这些"好"习惯都很符合偏"解析型"学习性格孩子的特征。那如果我们的孩子天生偏"概括型"，是不是一时做不到这些也是正常的呢？

那么偏"概括型"的孩子是不是就必定培养不出这些"解析型"的习惯呢？回答也是否定的。就像同时撒到花盆里的种子，从土里冒出来都有先有后，我们为什么不能在理解孩子的前提下，多给孩子一些时间，而非拔苗助长呢？我们可以和其他家长交流，请教老师或专家，在生活中慢慢改善孩子的习惯，但有两点是确定的，"三天打鱼两天晒网"肯定不行，要求孩子做到的家长自己做不到更不行。有人说，有了孩子，让我们变成了更好的自己，所以家长首先就可以从对自己稍微有点要求开始。如果你恰好也是偏"概括型"的家长，那更能体会同为偏"概括型"的孩子在养成"好"习惯的过程中正在经历着什么。

时间管理

时间管理，就是试图去掌握自己生命的节奏。

讲如何高效管理时间的书和文章铺天盖地，大部分都聚焦于克服自己的惰性和拖延症，但请大家注意，惰性和拖延症之所以难以克服，是因为对于大部分偏"概括型"的人来说，它们是我们思维的一部分，所以要做好"时间管理"就需要更多方法和智慧。

这里我们主要讨论的是在家庭中我们和孩子可以采用哪些具体的方法来帮助进行时间管理，我们分成"家长协助"和"孩子自主"两部分讲。

家长协助

学习的主体是孩子，家长可以分享和传授自己的经验，但切记纯讲"大道理"。我们可以通过一些小工具来告诉孩子以下两点。

时间可以大家共享，也可以每个人独立使用

我们大都经历过孩子很"黏"我们的那个阶段，在那个阶段，孩子认为看护人是和他们合为一体的，需要一起干同一件事。当孩子渐渐长大，他们慢慢意识到人在每个年龄段有着不同的事情和重心。

道理不能天天讲，天天讲孩子会反感，但可以将时间意识巧妙地融合到每一天的对话中。当孩子还没有抽象的时间观念的时候，家长除了口头强调时间的重要性——"虽然我们看不见，摸不着时间，但是时间就在我们身边"，还应该尽量把时间可视化，这里可以用到"家庭日历"和"任务清单"（to-do-list）两个工具。

我们小时候每家每户都会在墙上挂年历，有的家庭还有日历，过一天撕掉一张。现在我们去别人家做客，很少能看到挂历了，大家都倾向于使用手机里自带或下载的日历 APP，可是这样既无

法让孩子知道我们其实每天都有着很多事情和规划要完成，也没有办法让他们通过撕日历这个"触觉"动作把时间的流失具象化。

我每年都会买一本好看的挂历，以月份为单位，家庭成员把重要的事情自行添加到上面，这样每个人每天有哪些安排一目了然。我之前送了一本挂历给朋友，结果她的儿子非常喜欢这个把安排好的事情写在日历上的过程，他把所有的兴趣班的时间地点都填在了上面，但是朋友和她先生没有把他们自己的行程填上去，最后孩子就产生了一个疑问：为什么全家就我事儿最多？当爸爸妈妈把出差、和客户吃饭、上健身课、去办理签证等事情也往上填了以后，孩子才意识到原来家长的生活那么充实，并不是只有"盯着我"这一件事。

我的建议是把以月份为单位的挂历作为主要工具，同时以日历为补充，因为日历过完一天要撕掉，就缺乏"全局感"和"掌控感"，反而增加了过一天不知道后面一天的不安全感。

如果说"家庭日历"是一个起点，那"任务清单"就更随意了，它可以发生在任何时候。双休日一起床，在开启这一天时，我们可以给孩子一张纸，让他把一天的打算写上去，我们也把我们要做的大事小事写上去，然后再互相读一遍，知道彼此的"任务"。旁边最好标注好需要用的时间，比如浇花需要 10 分钟，拖地需要 20 分钟，做好一件事就"划掉"任务。通过这样多感官的强化和练习，孩子才能逐渐养成"前紧后松"的时间管理节奏。

这也同样适用于平时回家写作业。一般孩子都会把作业要求抄写下来，在还没开始写前可以先统计一下一共有多少项，并用铅笔在作业名称旁边标一个大概需要的时间，做好一个划掉一个，这就是偏"概括型"孩子可以日常打卡的"解析型"训练。我还鼓励从家长开始，每做好一件事，嘴巴里像唱票一样说出来："我又做好一件事了，接下来我要做这件事。"这样可以让孩子做事更有条理。

这个训练的过程可长可短，过程肯定是坎坷的，如果孩子没有一下子学会，或有几次超时、犯规，我们家长不要轻易放弃，如果我们遇到困难就轻易放弃，那我们如何告诉孩子做事要有"毅力"呢？

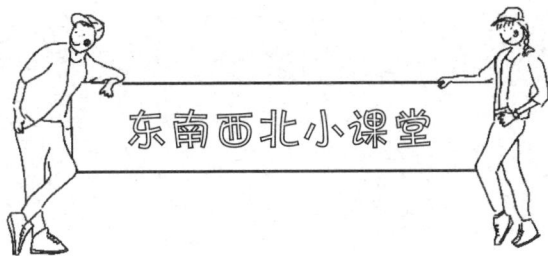

东南西北小课堂

问：孩子一定要我陪他一起读绘本，否则就不读书，但是有时候我手头有事没办法陪他，怎么办？

答：我们都遇到过这样的情况，这种时候我们可以评估一下手头的事情的重要程度，是否可以排到 20 分钟以后。如果没有办法，那可以直接告诉孩子："我现在在忙这个事情，可能需要 ×× 分钟，你可以先去找一本等一下我们一起读的故事书，或者先做其他事情，我现在设个计时器哦，×× 分钟以后我就来找你，你愿意帮我按'开始'键吗？"

问：孩子做作业时经常会问我，这个字怎么写，这题我做得对吗，这个单词怎么拼，我不想马上回答他，但是如果不回答，他就一直卡在那不往下做了。

答：很多家长都遇到过这样的情况，从长远来看，不能让孩子养成把家长当作字典和搜索工具的习惯，因为总有一些问题我们也一时答不上来。而做作业的节奏如果总是被打断，会让孩子养成遇到困难就停滞不前的习惯。我在家里是这么操作的，一开始我规定每天的作业我可以解答五个问题，但是孩子需要把会做的先完成，然后我才来解答这五个问题。如果我会做，那很容易讲解，如果我不会，那我们可以一同翻课本或上网探究答案。如果孩子要问我的问题超过了五个，那她需要挑选其中五个，其余问题她可以带去学校当面请教老师或同学。这样做的结果就是，渐渐地，她开始养成先做会的题目，再去自己搜索答案的习惯。因为来请教我，我也不一定会，而和我一起查资料和她自己查资料并没有什么不同，反而自己查资料还不需要等到我忙完事情，有更大的自由度。现在，孩子可以自己找到答案的问题几乎都自己解决了，每天最多有1—2个问题需要我的帮助。

如果家长把时间管理一并加进这个规则，比如超过晚上8点家长就不解答了，那孩子还会为了获得帮助加快完成作业的速度，一举两得。

时间总量一定，但是分配权利在每个人自己手里

在阐述这个概念的时候，家长可以引入孩子身边的例子，比如：考试的时候，每个人的答题时间是一样的，应该怎样合理规划时间？如果花太多时间在基础题上，势必来不及做后面分值高的题目，有没有其他更好的分配办法？这样的问题相信孩子们更容易理解。

如果孩子必须完成某项不喜欢的任务，除了制订一个大概时间计划外，我们还可将大任务拆分成若干个小任务或阶段性任务。如果孩子"学习性格"的环境支持这一项显示他们需要展示给权威（师长）看，从而获取肯定和走下去的力量，那就更需要师长给予

关注。一方面我们可以手把手教他们怎么拆分大任务，然后让他们自主尝试。并且早一些教孩子使用计时器、秒表、闹钟这些常用的时间管理工具。另一方面也早早告诉他们电子设备其实有很强大的工具功能，而不是仅限于玩游戏。

孩子自主

时间管理是一个系统工程，不是到了上学年龄孩子就突然会有时间观念，也不是一蹴而就、掌握几个步骤就能到达胜利彼岸的。一般上学期间的早晨是每个家庭最鸡飞狗跳的时刻，因为上学有到校时间，乘坐校车的孩子也有站点上车时间，错过到校时间可能会受到警告和处罚，晚到校车站点对其他按时上车的孩子不公平，同时也可能导致全车孩子迟到。

只有少部分孩子天然有一种"先苦后甜"的紧迫感，拖拖拉拉才是大部分孩子的常态。早上起床花了半个小时还没把衣服套上去，饭吃着吃着开始发呆，时间在他们眼里好像可以伴随着发呆一起静止，而背景画面则是烦躁地嘶吼着"快点快点"的家长；回家以后书包一放就马上忘记了作业这回事，翻箱倒柜找吃的，东摸摸西摸摸，直到家长提醒才慢吞吞地取出书本……

如果在学校也是做作业，回家以后还是一刻不停地做作业，没有喘息时间，对于孩子来说就太残忍了。大人需要在工作间隙伸伸腿弯弯腰，何况好动的孩子。不论在哪都是做一样的事情，孩子会认为学校和家这两个环境的功能是一样的，其实不然。家庭是每个人的港湾。家长要给予孩子包容和理解，更应该帮助孩子自主管理时间。

我们说，时间要"可视化"，那如何帮助孩子自主管理时间呢？下面来分享三个实用的小方法。

倒推时间法

这个方法很适合要出门时使用，比如孩子们早上7：20必须出门去学校，那一开始我请她们把从起床到出门之前需要做的所有事情列出来写在纸上，然后预估每件事需要花的时间，最后形成一个简易的清单。这个还可以写在家里的小黑板上，当需要调整时可以马上擦了改掉。她们共同决定：

> 7：20出门；
>
> 7：15刷牙、穿鞋；
>
> 7：00吃早饭；
>
> 6：45起床穿衣服、梳头。

当然这不是一蹴而就的，中间一定有反复和根据实际情况调整的时候。最早我让她们用手机设了7：20的闹钟，听到闹铃就必须要出门。后来发现有时闹钟响的时候还有一些事情没做完，这时就容易大呼小叫。经过讨论，她们在6：45的起床闹钟和7：20的出门闹钟之间增加了一个7：10的警示闹钟，这个闹钟一响说明离出门时间只有十分钟了，这大大增加了她们去完成事情的紧迫感。当然，我们也应该鼓励孩子前一天晚上准备好第二天要穿的衣服，以提高早上穿衣服的效率。

以上是一个例子，倒推法可以用在双休日出门和朋友游玩时，也可以用在旅行上飞机前做准备工作时等方方面面。当孩子们习惯了使用倒推法，就会越来越熟练，也会慢慢记住并提醒自己，要

把手头的事情和一分一秒在走的时间紧密联系起来。

老狼老狼几点了？

由于我先生每天需要早起遛狗，遛完狗以后他就负责为孩子做早餐。有很长一段时间每天我在床上只听到"快点！快点！快点！"，"还有 1 分钟了，你怎么还没穿鞋子"这样的话。

一日之计在于晨，我不想因为催孩子上学让他每天以一个糟糕的心情开启一天的生活，那我就要想办法。我们俩进行了讨论，发现当他说"还有 1 分钟"时可能孩子并没有意识到这句话究竟是什么意思，而催促会让孩子一直有依赖性，认为"父母一定不会让我迟到"，她们渐渐习惯了这种催促模式，失去了自己思考和把握时间的能力。后来我们调整了方法，只经过了几天的磨合期，家里便不再有一个打仗一样的清晨，而每个人一天的心情都会很好。

我们是这样做的：

当孩子们开始发呆时，我们先问这句话："妹妹，现在几点了？"（家长需要给幼儿园和小学低年级的孩子准备一个显示数字的电子钟，否则等孩子捉摸出来现在究竟几点了时，已经是 5 分钟以后了，那将是另一场战争。）妹妹说出几点以后，我们再问这句话："7：20 你要出门，现在 7：16 了，4 分钟内你还有几件事没做？"妹妹会飞速思考然后给出答案。我们可以通过这种让孩子自己思考的方式来培养孩子的时间感，为他们今后独立、为自己的行为负责打好坚实的基础。

适当时候，把掌握时间变成一个游戏

有孩子的家庭每天早上确实像打仗，家长可以在休息天，在没有那么大时间压力的情况下培养"作战能力"，做到"闲时练兵，战时直击"，可以根据实际情况来调整"作战方案"，同时也让孩子清楚自己身体多个部分可以分开运作，比如耳朵在听音乐、广播，眼睛在看动画片、教程视频，但是手是闲着的，那手可以干点什么呢？比如可以帮家长把收下来的衣服叠一下，把晚饭要吃的毛豆剥一下。

有一次我们要带孩子们出门看一场演出，只剩下很短的时间了，却还没有吃早饭，而她们的卧室也一片狼藉。如果两件事分开做需要半小时，我们只有 15 分钟，而做这两件事一个需要的是嘴，一个需要的是手。我灵机一动说现在我们来做一个小游戏，你们本来就是一个负责卧室床上整理，一个负责卧室地面清净，那你们可以吃一大口麦片，然后跑进卧室，一边咀嚼一边收拾自己的包干区，这样我们大概可以准时出门。本来她们都觉得这是不可

完成的任务，也并不热爱收拾这件事，但是这个形式让她们觉得很新颖，我喊"预备，开始"以后，孩子们就像上了发条一样，迅速吃一大口然后进房间整理，嘴巴里这口吃完马上跑出来继续吃一口。最后非常愉悦地把这两个任务都按时完成了。当然，这是没有办法的办法，正常情况下，我们可以进行其他的多任务运行（multitasking）训练。

肯定有家长会说，这是在让孩子一心二用，或者如果孩子嘴巴没闭紧把麦片喷到床上岂不是更耽搁时间吗？我认为，方法的选用肯定是结合家庭本来的教育情况的，当然无法直接套用，这就要考验家长随机应变的智慧了。如果这个方法行不通，那我们是不是可以和孩子组一个队，比如：把整理房间变成一个接力赛，这样也同样可以增加日常事务的趣味性和孩子的参与意愿。

实用作业小贴士

首先，"人，为什么要做作业"这个问题你是否问过孩子，如果好奇，可以问一下。我也问过自己已经上小学的孩子，得到的答案让我觉得到她们平时的谆谆教导没白费，因为她们知道"我学习"的主体是"我"，她们需要通过做练习和思考去达到要把知识和技能放到她们脑子里的目的。如果你的孩子还在读幼儿园，不妨问问他们，并拍成小视频等他们长大了放给他们看，这非常有意义。

我们一起看看孩子做作业的这些情况在你家是否发生过：

· 乱写。

· 一写作业就谈条件。

· 一写作业就要喝水、上厕所。

· 作业、文具摊得到处都是。

· 一遇到不会的题就马上问家长。

· 题目都不读就告诉家长不会做。

· 写作业拖拖拉拉，一小时没写几个字。

· 作业走到哪摊到哪，文具也到处都是。

· 没有人盯着写作业就开始玩。

· 排斥抄写、背单词、背课文等形式的作业。

不要担心，这些都是典型的偏"概括型"孩子的特征，很普遍也很正常，你的孩子绝对不是个案。我遇到过上述情况全中的孩子，而他的家长则每天濒临崩溃。在地铁上，我听到一位妈妈在电话里质问她的父母："你不要坐在他旁边盯作业，我小时候有人坐在我旁边吗？"可见，作业不仅是道绕不开的坎儿，同时也是检验家庭关系的试金石，不然怎么说"不写作业母慈子孝，一写作业鸡飞狗跳"呢？

我自己的两个孩子都有"本事"一秒进入"发呆"模式，特别是小学一、二年级做作业时。当她们大大的眼睛不再灵动，我就知道，她们的小脑袋已经暂时休眠了。哪怕明明知道可用的睡前时间有限，要完成的任务还很多，她们一样可以不管不顾地发呆。我通常会教她们分解任务、排序，运用上文提到的"时间管理"的小方法，然后让她们自己去尝试、失败，再尝试。

我认为，教育的本质是从依赖走向独立，所以当我做任何动作、说任何话以前都会稍微思考一下，这从长远来看是不是有效，而不是只顾解决眼前的问题，避免头疼医头、脚疼医脚。

英美等国家的孩子为什么作业少？不知道你有没有思考过这个问题，通过我的观察和分析，我认为不需要学习汉字可能是一个很重要的因素。汉字和字母所组成的单词是两个全然不同的文字系统，汉字的学习难度远远超过英语单词，即使有拼音的协助，掌握汉字还是逃不了大量的书写练习。当然，大量的练习除了让孩子们掌握汉字认读和书写，也给他们学习其他学科打下了牢固的基础。相较之下，英美等国孩子不用操练复杂的文字书写，放学后就有大量空闲时间去阅读、去运动、去社交。

我两个女儿一年级的数学一开始差的原因就是中文识字量不够，题目看不懂，自然也就做不出。同样一道应用题，让她们自己做基本就是空着的，但是当我把题目读出来，她们其实是能把我的语言转化成数学语言也就是算式的。这个时候就需要有针对性地和孩子们讨论出症结所在，而非盲目刷题，令抽象知识具象化，然后共同去攻克了。

有时候我叫还在做作业的孩子们吃晚饭，发现她们没有在写，而是在看闲书。可能有些家长遇到这种情况会马上制止，一把夺过书，勒令孩子先做好作业，学有余力再看闲书。我以前也会这样，但是去参加了阅读认证讲师培训以后，我理解了孩子们的年龄特征和学习性格特征，通过观察和测试，我知道她们是偏"概括型"的孩子，喜欢"东一榔头西一棒"，所以就只是约定好一个时间底线，比如吃饭时间、洗澡时间、睡觉时间，中间的时间让她们自由把握。自由把握时间的技能也是需要反复实践才能掌握的，因为虽然时间客观存在，不因人们意志而转移，但人对时间长短的感觉却是相对的，比如读一个有趣的故事，孩子会觉得时间过得很快，而一直机械式抄写，就会觉得时间过得很慢。

遇到孩子作业做到一半去看闲书时，你可以先安慰自己他们至少在阅读，而不是在玩电子游戏，然后让他们给你一个阅读的时间，这时候可以讨价还价，比如他们要求 10 分钟，你可以说，5 分钟吧，你自己记住看到了第几页，等作业全部做完想怎么看怎么看。这样，孩子也不会觉得家长不近人情，什么都不让他们干，同时也设定了界限和之后的期待。

在作业这个问题上我们家也做过不少尝试和调整，我认为既然家长和孩子在作业问题上一定不能决裂，那就应该花时间多想想怎么更好地"在一起"同舟共济。当然，这个同舟共济划船的主体还是孩子本人。

小学低年级的老师不太可能布置超过 4 小时的作业量，所以当孩子花在作业上的时间超过了这个时间，就说明孩子做作业的效率需要提高。但我非常反对呵斥孩子和人盯人战术，所以先后尝试过 7 点以后到家门外做作业、回家以后先洗澡再做作业等各种方式。后来有一次我和一位游泳俱乐部的前台阿姨聊天，她在她女儿小时候运用的方法大大启发了我，我回家马上和先生、孩子商量，一致决定一试。这个方法目前来看是最有效的，也是让我家孩子最有动力、情绪最积极的。

这位阿姨的女儿小时候上学校晚托班，通常其他孩子会有一些作业没在晚托班做完而需要带回家做，但她不允许孩子把作业带回家，"回家就只能看电视！"这听上去是那个年代所有孩子的梦想啊，不做作业，只看电视，还是家长强迫孩子看电视！其实这是激发孩子内驱力的一个方式。

我女儿们的学校没有晚托班，那就得作出一些调整。下午 4

点半她们到家后到 7 点的两个半小时内，理论上老师布置的作业都能完成了。我们就达成了共识，就规定她们回家以后做作业，我做饭，爸爸 6 点半到家去遛狗。到 7 点，我上菜，她们收拾好书包，全家上桌开启"家庭时间"。在"家庭时间"也就是 7 点以后她们不可以再做作业，哪怕没做完，第二天也不可以一大清早设个闹钟自己悄悄起来做。每天下午 6 点半她们作业做得差不多了，我或爸爸可以给每人答疑最多五个问题，第六个问题就请她们带去学校问同学、问老师。

我在聊天时经常提到这个方法，不过也会提醒朋友们，如果要施行，也要保证每天的晚饭时间气氛轻松，如果吃饭时冷冰冰的，没有什么交流，那孩子可能会觉得没有快点做完作业的动力。

做作业是一个聊不完的话题，之所以需要不断思考，不断调整，就是因为每个孩子的家庭和学校的实际情况不一样，再加上每个家长本身性格和孩子的学习性格也不一样，这四个变量叠加在一起，注定没有一个方法是适用于所有家庭所有孩子的。中国有句老话：去其糟粕，取其精华。别人的方法，"拿来主义"试一下，这一点问题都没有，关键是怎么调整，然后慢慢摸索出适合自己的方式。

作业大原则：可视化（文字、图）＋可听化（朗读、自由表达）＋即时表扬

　　我小时候每天上学在公交车站和家之间往返需要步行30—40分钟，还要坐1小时公交车，这对一个10岁的孩子来说是个大任务，但又别无他法，我就自己想办法，把这段距离分成了四小段，找了三个标志性地点作为节点——小卖部、桥、铁路，每到一个节点就算完成了一个小任务，这样回家的路就感觉短多了。

　　我们可以让孩子每天回来画一个作业数轴，就好像我

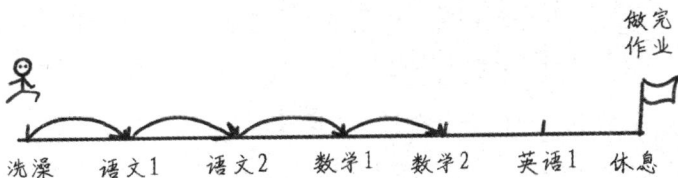

当年回家的路程一样，做好一段就让孩子标注并犹如"唱票"一样把进度说出来，这样可能会大大提高孩子做作业的兴趣度。

打造亲子共学的温情时刻

每天 20 分钟，孩子童年的美好记忆

不可否认，现实生活中确实是妈妈管孩子比较多，我们在此暂且不讨论家庭分工和人员配置的问题，就从实际出发，谈谈如何和时间赛跑，或者做时间的主人。

不论全职妈妈，还是作为职业女性的妈妈，都普遍感觉时间不够用，而大部分孩子们却觉得有大把时间可以用来挥霍。

我有个朋友，从来没给孩子上过任何课外班，她从托班开始每天晚上给孩子讲睡前故事，雷打不动。短短半小时的亲子交流时间，让孩子在记忆、理解和沟通能力上都表现出众，孩子凭借故事积累和表述的意愿，不仅进入了心仪的学校，在校期间也因为语言表达和高情商获得了同学和老师们的喜爱。有时候孩子闹别扭，她只要说"你再这样，晚上故事时间没了哦"，孩子马上就不闹了。

听上去 20—30 分钟不长，在每晚和孩子相处的黄金四小时里也就是一个故事的时间，但积少成多，真的会有不一样的效果。家长和孩子还可以约定一个特别的符号，比如五角星，每天讲完故事可以在家庭共享日历上画上一个五角星，这样一个月哪几天讲了哪几天没有讲一目了然。还可以讲了就画一笔"正"字笔画，一

个月过去以后可以数一下有几个正字，然后折算成零用钱奖励孩子。当然，我们的目的不是让孩子简单粗暴地觉得亲子阅读可以挣钱，而是鼓励坚持，同时这种鼓励可以是让孩子有一些自由支配的零用钱，让她们可以用来买小零食。同样，孩子也需要回馈花时间陪自己读故事的家长，这就需要由孩子来思考怎么奖励爸爸妈妈了，可以是帮家长做家务或敲敲背，捶捶肩等。

想象一下，如果你是孩子，你眼中的爸妈是不是经常是"手机用户形象大使"？如果回答是肯定的，那么是时候花20分钟改变一下你在孩子心目中的印象了。不如用快递盒做一个"手机寄存箱"，让你"放下手机，立地成佛"的举动可视化，让孩子感觉亲子互动是一件有仪式感的事情，而这段时间只属于你们彼此。

简单的事情要每天都做不容易，但每天20分钟往往比一天一口气读一小时，第二天没时间就不读的"三天打鱼两天晒网"效果好。

　　我非常喜欢工作的状态，在孩子小的时候选择当全职妈妈的主要原因是，我觉得当时孩子能 24 小时和我待在一起，等她们去了幼儿园，每天只能见几小时；当她们读了大学，每周甚至每个月只能见几小时；如果她们有了家庭，和我一样忙碌，说不定一年或几年也只能见几小时，所以我得珍惜当下的亲子时光。孩子长大以后曾经亲密的时间就回不来了，多花一些时间陪孩子，让每天 20 分钟的亲子时光，成为孩子长大以后对童年的美好记忆。

多种感官通道帮助强化记忆

　　亲子共读时间不代表只有读书这一件事可以做，家长可以通过了解孩子的感官强项，学习和练习一些简单实用的阅读技巧，结合我下一章分享的一些操作性强的小游戏，丰富亲子时间的活动内容。

　　如果孩子目前看来只喜欢听故事，不太喜欢用眼睛看书，那也不用过早放弃尝试其他感观学习的方法，可以尝试指读给孩子听，和孩子一起把故事或题目通过表演或图示的方法演示等，也可以多多运用这本书里提供的一些简单易行又生动活泼的形式，活跃家庭学习氛围。

6

有了这些简单有效的小游戏，爱上学习不是梦

如果说父母的高度是孩子的起跑线，那么孩子学习能力的培养则取决于家长的知识储备和想象力。

　　我之前参与过一个手游品牌的玩家访谈，在接手这个工作前，我的想法还停留在对游戏的刻板印象里：这些人难道没有更重要的事情做了吗？做完了这个项目，我对游戏的看法有了改观，手游和电脑游戏不一样，它利用的是人们的碎片化时间。我曾经给一个因为沉溺电脑游戏而和论文导师玩失踪的孩子做思想工作，也对二十几个 20—45 岁的各行各业的人进行过深度访谈，虽然男性和女性在对游戏的态度上有一些比较明显的区别，但是有一点是肯定的，那就是游戏无论对多大年龄的人来说都有不一般的魔力。

　　我初中的英语老师，上课前总会问我们："今天我们上课可以干吗呢？"无一例外，每一次全班同学都会异口同声地说："做游戏！"然后她笑笑说："不可能！"正是因为她一次都没有满足过我们，所以这个场景成了我对初中英语课的唯一记忆点。都初三了怎么还对做游戏那么痴迷，她一定是这样想的。

　　成人有很多思维定式，认为自己做过的、熟悉的才是对的和标准的。女儿上一年级时，我去她学校上过一节亲子体育课。课堂上老师们带孩子和家长一起玩各种游戏，比如把身体当作船，让球在船肚里，或者整个人趴在球上旋转变成"直升机"，还有让爸爸妈妈变成隧道和大树，孩子们穿梭其间运球，等等。哪怕是竞争的游戏，两位体育老师也会口头强调，"这不是比赛，就是游戏"，"每个小朋友都是胜利者"。正在我感叹体育老师们中英文配合完美无间，全程互动感、运动感十足时，边上有位家长表示这样的体育课全是游戏，没有达到有氧运动的目的。现在的学校真的太难取悦家长了。没有让孩子们集体围着体育馆跑步，没有一起伸伸腿、弯弯腰就不叫上体育课吗？

　　我曾去某卫视的亲子辩论类节目做嘉宾，有一期的话题是该不该和孩子称兄道弟。我当时的观点是，每天和孩子游戏的时候最适合跟孩子称兄道弟，不做游戏的时候我们可以是家长和大朋友。

有一本书叫《园丁与木匠》^①，里面提到混乱是孩子的主旋律。当我给孩子们组织泳池派对的时候，本来想好了一些接力游戏最后却没有玩，因为孩子们看到泳池就忍不住往里跳，告诉我"我们就喜欢乱玩"。你知道游戏和自由玩耍的区别吗？它们最大的区别在于，游戏有一定的规则，而自由玩耍没有规则。有一本书叫《游戏力》^②，就讲了游戏在孩童生活中扮演了非常重要的角色。一旦掌握了制订规则的要素窍门，可以自编出很多游戏。要知道，能想出滴水不漏的规则对逻辑思维要求很高，自编游戏就是一种训练和考验。

家庭游戏的两大特征

家庭应该是每个孩子觉得最有趣的地方之一，要怎么让孩子觉得家里和家长是有意思的呢？这里不得不提家庭游戏的两大特征：好玩和协作，而这两点明显是大部分偏"概括型"孩子的要求。

好玩

"好看的皮囊千篇一律，有趣的灵魂万里挑一。"让每件事都有趣不是让家长去迎合孩子，而是让孩子认为你就是这么个有趣的灵魂，哪怕有时候你很严肃。只有经常有趣，偶尔严肃，孩子们才会意识到事态的严重性，如果每分每秒都严肃，那反而让孩子抓不

---

① [美] 高普尼克，园丁与木匠 [M]. 刘家杰，赵昱鲲，译. 杭州：浙江人民出版社，2017.
② [美] 科恩，游戏力 [M]. 李岩，译. 北京：军事谊文出版社，2011.

住重点，不知道什么时候"爸爸妈妈真的认真了"。

在学校里，有的老师不一定教学水平最高，但是"好玩"，孩子就很喜欢。相反，有很多一本正经的好老师带出来的学生也特别出成绩，但学生却不一定最喜欢这样的老师。在家里如果我们能把有趣和严肃相结合，就有可能达到最佳效果。

好玩之所以稀罕，是因为这种特质并不是与生俱来的，幽默是可以在鼓励下后天习得的。

记得去听女儿学校的一堂语文课，面对这些刚从幼儿园升上来的一年级小娃娃，老师把一堂语文课上得相当生动，用"象声词开小火车"把全班孩子都融入小火车的情境中，还编了很多有意思的鼓励话，比如"送他一串大鞭炮"，全班孩子条件反射一样说"bong ba！"，再比如课上完了，老师请"觉得自己今天有进步的小朋友举手"，然后发现每个人都举手了。家长们从这节公开课里不仅了解到了老师的教学内容，也学到了可以运用到家里的实用句型，丰富了平日和孩子在家交流的语言。

协作

有一种观点认为，中国人团结协作的能力不如单兵作战的能力，人们过度在意如何在竞争中脱颖而出，而非通过整合团队的长处来使整个集体更强大。无论这种说法是否有充分的依据，不可以否认的是，在一个社会分工越来越细化，社会结构越来越复杂的时代，团结协作的能力也是一项必要的素质。在我们的小家庭中，每个人在发展自我的同时也需要分工协作，帮助家庭正常运转。我们可以在家开展一些小游戏，在玩耍中培养孩子的协作精神。

当今的生活工作中都很强调合作，这也是符合偏"概括型"孩子的社会性特点的，他们更希望和同伴一起分工合作完成任务，而不是孤零零一个人去面对。你一定也发现了，当向这一类型的孩子提议与其他家庭成员共同完成某件事情，他们的兴致和参与度会出奇的高。

在我们家，除了公共区域（客厅、厨房、阳台和厕所）的卫生由四位家庭成员分工包干，孩子们还共同负责收拾她们的卧室和书房（也可以是游戏室）。有时候卧室和书房都很乱，我会提议她们猜拳来决定谁收拾书房，谁收拾卧室。如果只有卧室比较脏，她们也会自己分好任务，你收地上，我收床上。我的原则是，不插手具体事务，自己的事情自己做，但是作为妈妈，我可以当评委，"这里太乱了，给你五分钟收干净，计时——开始！"我也可以当啦啦队。有时候她们选择在脚也踩不进去的卧室生活几天，也是被允许的，但是不允许来我们大人整洁的卧室搞破坏，可以参观，但如果她们也希望在干净的环境里睡觉，那就需要她们自力更生。

如果说父母的高度是孩子的起跑线，那么孩子学习能力的培养则取决于家长的知识储备和想象力。没有有效陪伴时间的付出、没有对孩子足够多的观察，家长就随意采取听闻的教育方法是非常盲目和危险的。这样的家长平时比较忙，或者即使和孩子在一起，也没有关注过孩子深层次的发展，仅仅作为看护者，那是没有办法找到适用于自己孩子的方法的。

接下来，我会给大家分享一些简单易行、可以就地取材的互动小游戏，让孩子们在游戏的滋养中健康成长，在不知不觉中培养良好的学习习惯，获得一些基本的学习技能，更重要的是能增进家长和孩子对彼此的了解，让亲子关系和谐发展。我把游戏按照目的分成了"增强孩子能力"和"增进亲子关系"两种，当然几乎所有游戏都能兼顾这两个目的，只是偏重会稍有不同。

以增加孩子能力为目的的游戏

我们什么都想教给孩子，基础学科、人文学科、美育、体育、社交技巧、人品美德，这些都很重要，一样都不能落下。目前大部分游戏书都是关于科学实验、运动和手工的，本书另辟蹊径，从以下四个较为抽象的方面来给家长们支招，它们分别是关联记忆、爱上阅读、爱上音乐、财商培养。

关联记忆

一切可视化

在前几章我们已经强调过"可视化"对孩子学习的重要性，尤其在婴幼儿启蒙阶段。闪卡是很多幼儿启蒙学说中推荐的工具，个人认为如果闪卡上没有关联图片，只有抽象的文字、字母或数字，那么我们可以自行画上图案，否则孩子理解和记忆起来会比较痛苦。

国外有一些教育专家建议把生活中常用的、和小朋友关联度高的名称写在卡纸上，然后把卡纸贴到相应的物件上。一些在国外长大的孩子，通常中文听说没问题，但有时会卡在那个想表达的英语词汇的中文翻译上，如果他们从小就很自然地进行一些小的关联练习，将大大减少这种情况发生的概率。作为母语是中文的家长，不论今后孩子去什么样的学校，我还非常在意他们对汉字的掌握和运用程度，所以我们一开始就在卡片上写上汉字和与希望孩子学习

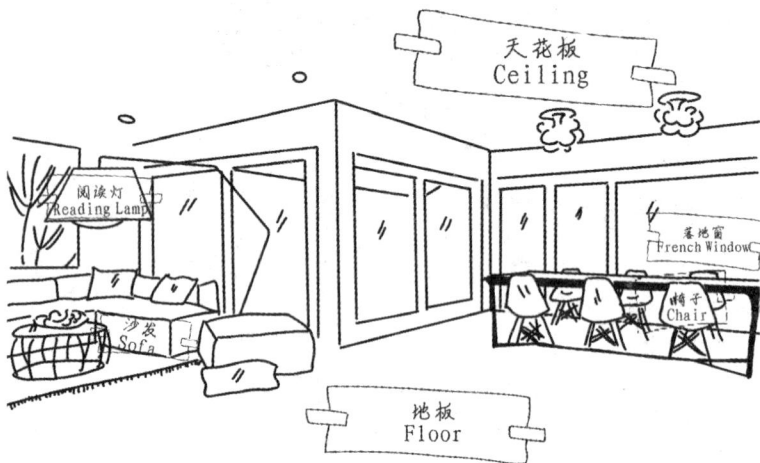

的第二语言对应的物品名称，比如台灯、浴室、开关等。

　　家长们还可以用文字和数字来点缀生活空间，比如可以悬挂一首你喜欢的诗歌的书法作品，可以买现成的，也可以是和孩子共同完成的。如果孩子喜欢软软的、舒适度高的物件，可以选择一些印有或幽默或励志的文字的靠垫、地毯。

　　我婆婆曾经在她家的厕所门背后墙上贴了乘法口诀，现在这个传统也被我先生继承，当孩子们关上门上厕所的时候必然会看到这个表，有时候她们上好厕所会跟我说，妈妈，你知道吗？八八六十四。我们中文的数字都是单音节，本身就比用外语去熟记乘法口诀便捷得多，如果再加上不断可视化的呈现，相信效果会更理想。

无道具游戏

　　无道具游戏，顾名思义不需要任何辅助工具，并且随时随地

都可以玩起来的游戏。有三个游戏可以说是我们玩得频率最高的，它们分别是：猜东西，猜数字，字头咬字尾。

我也曾拍摄过相关视频放在"带劲 er"公众号（现更名为"葛妈懂孩子"公众号）上，且因为这三个游戏非常适合在场地受限的情况下玩，所以那一期的视频叫"不收好这几个游戏，旅途就是一场煎熬"，玩好这三个游戏，高速堵车、长途旅行、景点排队时都可以轻松"消灭"最难熬的等待时间。

游戏一：猜东西

规则：出题者心中想好一个东西，其余人通过提问一步步缩小猜测的范围，出题人只能答是或不是，直至猜题人答对物品。然后轮到猜对答案的人想一个东西让其他人猜。

比如：妹妹脑子里想好的是海豚，我们其余人轮流提问，先从大类开始排除："是食物吗？""不是。""是交通工具吗？""不是。""是动物吗？""是。"然后再猜小类："是陆地动物吗？""不是。""是海洋动物吗？""是。"最后再问特征，直到猜中。

这个游戏非常锻炼和考验倾听能力、记忆力和推理能力，也能培养逻辑思维能力。

游戏二：猜数字

规则：出题者心中想好一个数字，并给予一个范围，猜题者根据提示缩小范围，直至猜对该数字。然后轮到猜对答案的人想一个数字让其他人猜。

比如：我规定这个数字在0—100之间，脑子里想好是35，其余家庭成员从盲猜开始逐步接近答案。如果大女儿猜50，我就需要说"0—50之间"，小女儿猜30，我会说"30—50之间"，以此类推直到猜中。

在游戏中，孩子们增强了对数字大小的认知，也锻炼了反应能力。实际操作时，可以根据孩子对数字的认知增加或减小游戏的难度。

游戏三：字头咬字尾

规则：其实就是词语接龙，一个人用前一个人所说词语的最后一个字作为首字来接龙造词，这个游戏可以无限玩下去。当然，孩子还不识字的时候，可以允许他们用同音字来造词。

这是拓宽孩子词汇量的好机会，家长可以加入一些平时孩子没有接触过的书面词汇。如果孩子已经接触过拼音声调，这也是一个适合声调训练的好游戏！当然，如果还没有学过拼音和汉字，仅仅局限在听说层面，那也应当允许孩子在想不出的时候用拼音的不同声调或汉字的谐音来继续游戏。游戏时，如果过于纠结正确性，会破坏孩子参与的积极性，那他们下次可能就不会主动提出和你玩这个游戏，捡了芝麻，丢了西瓜，不值当。

爱上阅读

有了孩子以后做爸妈的自然会更关注教育，在和孩子共同成长的过程中，我也通过近距离观察这两个小小的生命，不断努力思考和调整自己当妈妈的做法。我们知道，绝大多数孩子学龄前主要还是依靠动觉和触觉去获取具象的知识。在被引入字符、数字、文字等抽象概念以后，孩子的学习性格才慢慢固定和确定下来。无论是文科还是理科，阅读都是学习的基本功，比如做数学应用题，首先得识字，读通顺了以后才能理解题意，不理解的话就无法把每一道应用题的条件变成数字语言，也就无法往下做题，难不在数学本身，而在理解。这也就解释了为什么在数学比赛里，如果是纯代数计算中国孩子的成绩特别出色，稍稍变化一下语境或题型，哪怕算式过程是一样的，我们的孩子就容易吃亏。

变成学习达人前先得爱上学习，也就是拥有学习的动力，再加上毅力持续努力才能学有所成。看过一篇一位移民加拿大的母亲写的文章，她女儿在温哥华上三年级，学校主张宽松式教育，但很看重培养孩子的阅读习惯。从幼儿园开始，每天的家庭作业就是阅读，通常也只有这一项作业。阅读的书目完全由孩子自由选择，家长只需要记录孩子的阅读时长并签名。如果孩子阅读达到了一定的天数，老师会给予一些小奖励。北美教育体系认为，阅读是孩子学习各门学科的基础，属于最基本的技能。

教会一个孩子阅读只是开始，要培养一个热爱阅读、持续保持阅读习惯的孩子，并不是一件容易的事。当孩子的日程表被各种课外班、家庭作业和才艺特长训练排满的时候，坚持阅读就变成了一桩难事，让我们来看看有哪些游戏可以通过多感官齐上阵的方式来帮助孩子增强对阅读的喜好。

分类、收纳

几乎每一次家长工作坊到了最后的问答环节，都会有家长问自己，孩子为什么读来读去就是那一本书，明明家里很多书，他每次还是让家长讲同一本。每个孩子小时候似乎都有这个阶段，喜欢看同一部动画片、同一本书，他们不介意甚至喜欢重复。

这种情况在我小女儿身上也发生过。有一天我下决心要把家里孩子的绘本整理一下，当我把所有书都从书架上挪到地上的时候，孩子们很兴奋，因为这可能是她们第一次看到那么多书平铺在她们面前，平时她们看到的更多的是书脊。我当时的想法只是快点把这些书理好，却发现孩子们也想帮忙，于是我问她们，是希望按照封面的颜色还是按照书的内容分类，出乎意料的是她们都选择了按内容分类。于是我们就把讲家庭的放在了一起，讲动物的放在了一起。这时候孩子们问我，爸爸妈妈的书为什么不也这样分类？我觉得很有启发，对啊，为什么不呢？然后我把我们的书也取下来，和孩子们的书一样按照统一的标准分类。在这个过程中，我意识到，由于一些封面没有具象图案，只有抽象图案和文字，所以当孩子还不识字时，她们猜不到书里面的内容。这会不会是她们一直只选同一本书的原因之一呢？

当她们和我一起把家里所有的书都归整完毕以后，我们还像书店一样贴上了分类标签。从那以后每天晚上的阅读时间我们增加了选内容的环节，今天孩子们可以挑了一个分类中的某一本，明天就由家长挑另外一个分类的任意一本，这样孩子就也不再执着于某一本绘本了。

读出声音

现在很流行"大声朗读"，但大声朗读也不一定适合所有场合。我们大学时晨读都会找一个空旷的地方大声朗读，除了练语感和胆子，也有助于提高演讲水平。但是在家中，也只有卧室、厕所等封闭空间是私密的，适合大声朗读；客厅和书房多半是敞开式的，多多少少都会影响其他家庭成员。

如果家长对孩子大声朗读喜闻乐见，而孩子本身也不排斥，那当然最好，如果孩子本身还处在适应大声朗读的过程中，那可以建议孩子一开始只要读出声音即可，最开始能让自己听到，然后再让别人也能听到。如果一大步跨不到，那就分成几个小步走，不要逼孩子做一些短时间难以企及的事情。

那么读出声音有什么好处呢？具有以下几点。

（1）扩成词汇库。

（2）提高阅读理解能力。

（3）更容易和作者产生共情。

（4）促进大脑发育。

（5）通过动嘴和用耳获得不同体验。

（6）提高沟通能力。

（7）增强自信。

一学就会的"四步法"

我们先来看一下阅读方法的进阶表，它由美国国家阅读学会（NRSI）创始人玛丽·卡尔博（Marie Carbo）博士于1993年制作，我们可以在每个 NRSI 示范学校教室里看到这张表。它帮助老师和学生了解到学习是循序渐进的，学习方式也可以是丰富多彩的。表最上面是学生最不依赖老师的学习状态，最下面则相反，是最依赖老师的状态，中间五种状态根据依赖老师的程度依次排序。我们来看看都有哪些一线课堂的师生共读状态，了解了这些也能给家庭共读带来启发。

师长参与度最低，孩子独立性最高	
独立默读	在教室中，老师、孩子分别阅读自己喜欢的读物，持续时间 10—45 分钟不等。重点：自己选择，产生阅读愉悦感。

续表

结对伴读	老师让孩子们两两结对，你读给我听，我读给你听。可以是阅读水平相当的两个孩子，也可以是水平有差异的，甚至可以跨越年级，或者让孩子们自己选择结对对象。
小组共读	两个以上孩子共同朗读一篇阅读材料，让朗读水平低的孩子自发地在小组中调整自己，并努力跟上大家的节奏。
回声对读	老师先和孩子们讨论阅读材料，然后老师读一句，孩子们读一句。老师可以把长句适当断句，直到一起读完。
音频跟读	老师挑选适合孩子阅读水平的材料，并播放相应的音频给孩子听，孩子听后对照着阅读材料进行跟读。
排坐指读	老师坐在孩子旁边（在家里可以让孩子坐在家长腿上），老师用手指读物，让孩子和自己一起读，锻炼流利度。
全班带读	老师坐在孩子对面，举起一本和孩子关联度高的、有图片的阅读材料，放缓语速，提高生动度，边指边读边提问。老师也可以举着读物，鼓励孩子们试着和老师一起读。
师长参与度最高，孩子独立性最低	

这些阅读教学方法我们也拿到一些学校的课堂上进行过实验，广受师生的喜爱。当老师们把这些方法贴在墙上后，孩子们有时候会提出今天能不能用这个方法，明天能不能用那个方法，大大增加了阅读的乐趣。而这些方法也完全可以在家庭中使用。

结合玛丽·科尔博博士的理论研究和教学经验，我设计了一个简化家庭阅读流程的"四步法"，并选取了三十几个样本家庭跟踪记录他们的变化。这些家庭中都有学龄前到小学低年级阶段的孩子。结果显示，"四步法"确实简单易行，而且事半功倍。

它特别适合用于学龄前亲子阅读和小学低年级一对一辅导，我也很愿意将它推荐给更多家长。我们在好几个学校的家长工作坊和家长培训课上给爸爸妈妈介绍过，让他们在课堂上共同演练，然后回家在家庭阅读时间里和孩子一起操作。这套方法带给家长们很大的阅读自信，他们不再困惑怎么和孩子一起阅读，而在一天天、一个故事接着一个故事的练习中逐步实现了孩子和家长共读，并慢慢过渡到孩子和家长"共同在一个房间，但各自读自己喜欢的书"的境界。

"四步法"的具体操作如下。

首先可以问孩子："今晚讲哪个故事啊？"然后说清楚时长20分钟。当孩子挑选好了他们想一起读的故事后（哪怕是已经读过无数遍的内容，或者你觉得特别幼稚特别无聊的内容，也请不要拒绝孩子尤其是学龄前的孩子），问孩子："你希望我们在哪里读？"挑好了地方后（比如在床上，或者孩子坐爸妈腿上），对照上文七种方法，按照家里实际人员空闲情况选择合适的方式。大部分时候，睡前故事由一个家长主导即可，可以是和孩子接触时间长的照料人，也可以是因为客观原因与孩子共处时间较少的那位家长，这可以按各个家庭的分工而定。我们来看看四步法有多简单易行吧！

第一步	孩子指，家长读，孩子听。
第二步	孩子指，家长读一句，孩子读一句。
第三步	孩子指，家长孩子同时发声，一起读。
第四步	孩子指，孩子自己读，家长提醒（如需要）。

　　如果这整个过程没有办法在 20 分钟内完成，不要慌张，能做几步做几步，比如前一天开始了一个新故事，20 分钟只进行到第二步，那就用书签夹一下，第二天继续。偶尔也可以"拖堂"五分钟，但如果你想培养孩子的时间观念，就尽量不要每次都"拖堂"，而是应该告诉孩子，明天我们还会读，不要纠结于这几分钟，阅读、学习习惯的培养和亲子关系的建立本来就是来日方长的事情。

　　如果做完第三步，眼瞅着就要进行到孩子独立阅读这一步了，但孩子就是无法顺利过渡，也请家长不要焦虑。孩子不是机器人，没有办法在短时间内开始独立朗读的原因有很多，可能是所挑选的读物难度超过他们本身的阅读水平，或者前三步爸妈做得太快了，孩子跟不上。来到第四步的时候，如果孩子没有很排斥自己读，想尝试自己读，那请家长一定要像戏精一般给予鼓励。遇到孩子卡壳，也切记不要黑脸，可以温柔地提醒他们一下。我们大人也会有卡壳的时候，卡壳了也希望有人来提醒我们，但往往这个时候的提醒会记得特别牢，孩子也一样。

阅读手账

　　我曾经当过家长阅读志愿者，每周到学校帮助几位有英文阅读障碍的孩子，每次都会我带他们到图书馆，请他们在与他们阅读能力相符的分级阅读书中挑选一本读给我听。在这个过程中，我发现他们有几点共性：

　　（1）不敢读生词和长的单词，害怕读错。

　　（2）遇到标点符号不停顿。

　　（3）即使读完了，没有图片的帮助，他们也不理解读的内容。

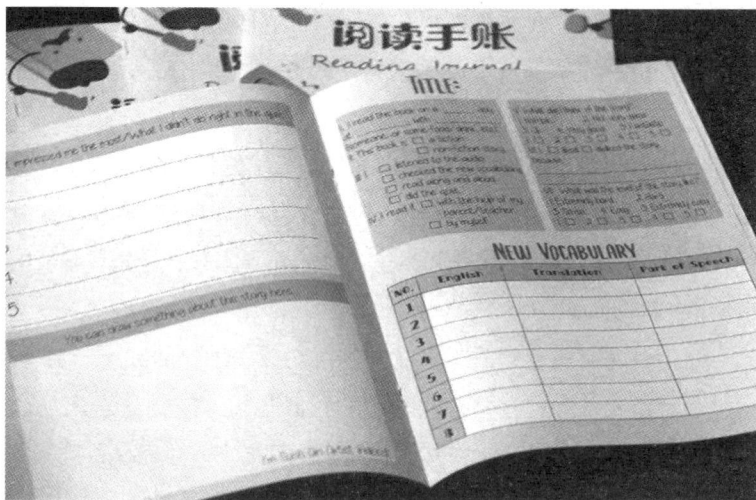

这些问题让他们越来越害怕学英文，即使他们的口语都不错，但是难以落在笔头上，写作水平和口语水平相比差好几个等级。后来我有机会参加了美国国家阅读学会的认证讲师培训，了解到巧用方法，可以大大增强孩子们的读写意愿，提高他们的读写水平。

无论是哪个学科都需要有扎实的阅读基础和技巧，我们在鼓励孩子畅游书海的同时，可以运用一些小工具来帮助孩子沉淀。这些小工具、小游戏还可以在阅读的时候帮助孩子们归纳总结出作者的写作手法，帮助孩子们总结规律，搭建出自己的写作框架。

我设计了一本阅读手账，让我的孩子使用，你也可以让孩子挑一本喜欢的空本子，根据自己喜好制作一本属于你家的阅读手账。手账可以结合孩子们不同的学习性格特点，融问卷、笔记本、图画纸等功能于一体，帮助孩子养成记录的好习惯。

爱上音乐

给孩子报课外班学东西，或者就在学校学习，如果没有让孩子意识到这些都是和自己的生活息息相关的，那孩子就不知道为什么要做题目、为什么要练习。所以如果你的孩子喜欢钢琴，并且有报班，不妨多和孩子说说钢琴能给她的生活和人生带来什么。因为学习乐器的初始阶段就是打基础，而练习指法、乐谱这些"解析型"的学习方式，无法让偏"概括型"的孩子和爱上音乐这件事联系上，所以会事倍功半。我遇到过听音特别灵敏的孩子，但是老师过于强调读谱和手势，让这个原本公认的有音乐天赋的孩子一坐上琴凳就开始紧张。

那有哪些小游戏可以帮助这些孩子和家庭呢？我们需要从孩子年龄和本身的学习性格出发去研究怎么让他坚持，不合适的方法往往会使孩子失去动力，更培养不出毅力，最后就轻易放弃了。

敢于尝试，找到趣味性强的方法

我们家有一台电钢琴，当初因为觉得可以插耳机，孩子们练琴时就不会产生扰民问题，才选择的它。后来意外发现孩子们非常喜欢电钢琴上其他乐器声音的按钮，同一首练习曲她们会选用不同乐器的声音演绎，让弹奏练习更有乐趣。

练琴和运动都需要经历枯燥的练习过程，对于偏"概括型"的孩子，如果没有找到趣味横生的方法和好听悦耳的曲子，家长又吝惜赞扬，那孩子大概率是不愿意练习的。我自己小时候练过琵琶，但对钢琴一窍不通。有个朋友的艺术机构邀请我去参加开幕式，当时有一对双胞胎兄弟表演四手联弹，这给了我启发。我大着胆子跟孩子的钢琴老师说了自己的想法，是否可以请她教一些简单的四手联弹的曲子，两姐妹可以分别练各自的部分然后合作，之后再交换。这位钢琴老师说以前没有家长提过这样的要求，但她认为这是一个很不错的主意，只是现在孩子们的程度离四手联弹还差那么一点，下次她会准备一些简易的谱子。

我把这对双胞胎兄弟的钢琴视频给孩子们看了，并说老师认为她们俩再努把力也可以像他们一样合作弹琴。两个孩子都表示很想尝试，这也促使她们互相督促、互相学习，还增加了协作配合的练习。

我也问了老师，如果家里只有一个孩子，或者另一个孩子学的不是钢琴怎么办，她说那可以由老师和这个孩子一起四手联弹。其他乐器我不是很确定，但是相信只要师长肯开动脑筋，一定能想出激发孩子热情的办法。

拍视频

因为爷爷是歌剧演员和钢琴家，所以孩子们也想学歌剧和钢琴。兴趣是一回事，练习是另一回事。而我是既不陪也不看的，每次老师来家里上课，我、先生、暂时不上课的那个孩子和狗就都离开客厅，去其他房间不打扰上课。

钢琴和语言一样，一出手便知有没有。有几次上课，老师一下子就感觉出她们没有练过，非常不熟练。这时候光口头上进行思想教育是没有用的，还很有可能打击孩子对音乐的热情。道理要讲吗？要讲。只是还要有跟进的方法。放在我面前有两个选择：选择一，让孩子们自己去搞懂；选择二，家长陪练或请人陪练。现在线上、线下都有这种陪练，和陪做作业一样，但这并不是长久之计。孩子是在发展自己的兴趣爱好呀，"监视"肯定对达到目的没有帮助。我没有要求她们在多长的时间内必须考出多少级，我只是希望今后她们能多一种表达自己情感的方式，能欣赏别人的努力和听懂别人的作品，比如做作业解题解不出来的时候，就能弹上一曲钢琴换个心情，因此陪练肯定不是我想要的。

最终我还是选择了让她们自己练，但是我和老师一起商量，改变了方法。我对孩子说，她们上课，爸爸妈妈是需要付学费给老师的，所以如果她们不愿意再上，那我们没有必要浪费钱和老师的时间，以及她们自己玩的时间。听我这样说，她们都表示还是想要上课的。接着我让她们做个小实验，每天回家第一件事，先弹20分钟琴，顺便换个心情。一个人弹琴的时候，另一个人洗澡，然后交换。从周一到周五，如果哪天她们认为自己的弹琴作业可以请老师来验收了，就找我拍视频发给老师，我一般不会主动要拍视频。如果老师认为练习的效果可以，那周六老师就来家里上课，否则老师不来上课。

每次我给她们拍视频以后，她们都会要求自己先看一遍，还会说："我指法不好看，让我再练一下，否则老师回过来的信息还是会说同一个问题的。"你们看，其实孩子心里像明镜儿似的。有时候老师会反馈挺好的，还是需要继续努力，把某一个细节攻克掉。有时候老师会大大表扬，这样的视频我就会发给爷爷、外婆太公和太婆。这些人是铁定只会表扬不会批评的，这也给了孩子很强的自信心，因为她们知道自己弹奏的曲子可以给别人带来快乐。比如圣诞节时，孩子们在点灯仪式上唱了一首可爱的歌曲，我请老师找相应的和弦谱子，可网上似乎没有，这位老师就自己编了一个简易版放在课上作为补充教学内容。这样孩子们每天回来练琴都很有积极性，都会先练这首再练老师布置的正式作业，因为她们希望早日练好赶在圣诞节前拍成视频作为圣诞礼物发给爷爷奶奶。

财商培养

如果说前文提到的无道具游戏"猜数字"可以让孩子们有数感，那现在还有很多有趣的手机应用软件，把数学学习变成了游戏，有纯算术的口算、听算，还有和小朋友生活息息相关的场景中的数学应用。

大家知道新加坡的数学课程一直在国际上备受推崇，无论是教材还是课堂设计，新加坡的数学教学模式都是全世界效仿的对象，有40多个国家及地区采用新加坡的数学课本教学，而它的秘笈就在于建模。其目标不是让学生刷题，而是将解决问题置于核心地位。他们提倡数学三步法"实物—图画—抽象"，每堂课从积木、骰子、纸牌、硬币、手指等实物开始，第二步用条状图或数轴按照比例画出相应等量，最后一步才是抽象的列算式演算。

下面分享两个受新加坡数学教育启发，在实际生活中完全可以靠一点一滴积累，培养孩子数感和财商的家庭游戏。

游戏一：记账

两个孩子在上幼儿园时，我们就每周给她们零用钱。不多，一周2元。后来当她们去超市或儿童乐园再要求要买什么时，如果我说"可以买，用你的零用钱买吧"，十有八九她们会说"那我再想想"。后来随着生活中移动支付的普及，家里没有那么多硬币给她们数了，我就网上淘了两本记账本给她们，上面有列明日期、项目、收入、支出、结余这些项目的表格，我还在最右边加了一栏家长签字。

每周六是孩子们的"零用钱日"，我们会一起讨论本周的零用钱额度。每周除了2块钱的"保底工资"，她们有3块钱的奖金可以争取，不过需要说说本周帮助过其他人的事情、有没有和爸爸说英文、有没有和妈妈说上海话（我认为她们的中文听说能力在学校已经得到了很好的锻炼，而爸爸妈妈的母语，尤其是方言如果在她们这代就失传了，则是非常可惜的），如果以上都做到了，那这一周就可以得到5元。

有时候她们有特别让人感动的表现，比如主动帮助家长完成家庭家务分工表上爸妈需要做的家务，我也会主动提出增加奖金。她们还可以互相借钱、还钱，但要通过记账的方式让资金流动一清二楚。

通过记账的方式，孩子有了初步的金钱观和数字概念，并且在她们还不会写字时会用画画、特定符号、拼音等形式来记账，所以小女儿基本上靠记账把自然拼读和拼音分清楚了。

游戏二：大富翁

孩子们上幼儿园时，我去听过一堂她们班的数学课。课上，老师和孩子们一起通过画画的方式，制作货币，然后点数纸币、硬币。这些活动都非常有参与感，孩子们非常喜欢。我家里还有一个经常玩的家庭游戏是大富翁，具体游戏规则我这里就不阐述了，但是它确实帮助孩子初步了解了资本的运作，这款游戏能风靡全世界且经久不衰，真的有它的道理。

和其他很容易到达终点的游戏不同，大富翁有时候一轮很难结束，但是如果没有那么多时间，下次又不想重新开始时，就可以请孩子把这次结束时每个人手上剩下的钱、买过的资产、盖过的房子以及棋子的位子统计并登记下来，以便下次继续游戏。可别小看这项工作，数学中本身就有如实记录的要求。

以增进亲子关系为目的的游戏

从大女儿出生到小女儿去上幼儿园这 7 年，我全职在家带孩子，很多人问我带两个孩子累不累，我感觉带孩子其乐无穷啊。

当孩子和妈妈无法完全黏在一起以后，她们总是还想和我有身体接触，这时拍手游戏和手指游戏就完美地解决了这个问题。她们坐在我腿上玩"你拍一，我拍一"，而且还自编了很多童谣。或者在需要打发时间的日子，我们试着把扎辫子的橡皮筋飞到对方手指上"套圈"，我相信这一些几乎不存在难度的小游戏会变成孩子们童年的美好记忆。

有时我受邀去参加一些活动，比如上海广播节、酒店的圣诞点灯仪式或综艺节目，我也会提议全家一起排练一个几分钟的小节目，有的是上海话儿歌集锦，有的是简单的边唱边跳。我们在排练中享受到了彼此的陪伴和配合，更收获了家庭的亲密关系。

在这一小节里我会分享六种小游戏。强身健体、夯实知识不是这类游戏最重要的目的，增进亲子关系才是。

游戏一："充电"

这个游戏是我看完《游戏力》这本书后印象最深的，因为它不仅操作简单，而且效果非常明显，对我大女儿来说尤其如此。和很多多胎家庭聊天发现，老大都有一种"明知山有虎，偏向虎山行"的轴劲儿，有时候他们生闷气，但大部分时候会发泄出来，争取爸爸妈妈对他们多一点关注。

她很小的时候，我就意识到这个孩子如果感受到被爱了，是一个非常温暖的小孩，但是随着妹妹的到来，她在家受到专宠的感觉被剥夺了，脾气一点就燃。正当我因不得其法而苦恼时，我从书里看到了"充电"的游戏。我知道这个游戏对她一定行得通。

现在的孩子一出生就被数码产品围绕，所以"充电"这个概念他们再熟悉不过了。爸爸妈妈给孩子"充电"就是给他们一个大大的熊抱。当他们发脾气的时候，只需要说"你是不是想来爸爸妈妈这边充下电"，一般情况下，在家长和孩子身体接触的那一刻，两边的气就已经都消了三分之一了。

非常好用，强烈推荐。

游戏二：拷贝不走样

你有没有遇到过这样的情况：和孩子说话，他们却眼神空洞，好像没在听，更有小朋友一听唐僧念经般的说教就开始犯困打哈欠。偏"概括型"的孩子一般需要看到对方的表情和肢体动作才能更好地理解对方口头语言，如果你先让他们注视你的眼睛，然后开始说话，并配合丰富的表情和动作，那信息的到达率将高出不少，这时你还可以来一个大绝招，说了一小段以后马上问孩子："我刚才说了什么？"

我试过好几次，发现大女儿因为大两岁注意力确实强一些，问小女儿我刚才说了什么，通常她一句都答不上来。

当她们慢慢知道我的套路了以后，也知道可能妈妈一会会问她聊天的内容，渐渐就能从关键字到整句意思"拷贝不走样"了。

游戏三：暂停卡

我大女儿是个不折不扣的"话痨"。在幼儿园时，老师就反映她吃饭时，会找身边的人聊天，因为嘴巴同一时间只能做一件事，所以她吃饭特别慢。这个"坏习惯"我原先没有重视，直到后来我每晚讲故事时，她总是打断我，然后自己开启滔滔不绝模式，我才意识到这是个问题。后来我在家长工作坊也遇到过好几个和我有一样体验的家长。

有一个妈妈说："当孩子要插话时，如果我不管他，继续讲，到最后我问他故事讲了什么，他一句没听进去，还是只记得他想讲的那个点。我很生气，就冲他发火然后让他 time out（类似于关禁闭，一种让人坐在一个规定区域里冷静或检讨的惩罚方式）。"

我虽然没有让孩子 time out，但是我能感同身受那位妈妈的气愤之情。经过思考和实践，我想了两个办法：

第一，讲故事前给孩子发一定数量的"暂停卡"，可以根据孩子年龄的增加而减少卡片数量。比如我大女儿 4 岁时，每晚讲故事我会给她三张"暂停卡"，她可以"插话"三次，但是不能滔滔不绝，只能讲关键词，由我记住，等故事讲完后再来讨论这几个关键词及她所要表达的内容。而平时她说话时，我就好好倾听，否则我也没有资格在我说话的时候要求她必须倾听。后来孩子慢慢长大，我不发实物的卡片了，而是亲子阅读前口头约定可以打断的次数。再后来她自己能记住想"插话"的内容了，就自觉等到故事讲完再说。如果家里没有卡片，也可以用任何物品象征插话机会，比如有一个爸爸听了我的分享以后回家准备的是暂停笔，效果是一样的。

第二，我和其他滔滔不绝的孩子的家长一样，也都很害怕孩子在学校打断老师上课，而老师可不会给孩子发什么"暂停卡"。这时候我们就可以把"说话先举手"这个学校和社会通用的规则在家里提前演示。首先，我们在孩子滔滔不绝时先举手示意，这样孩子渐渐会知道举手的含义，然后当爸爸妈妈在互相说话或和别人说话时，孩子也必须举手，家长点头表示知道，并告诉孩子："妈妈有事，等我5分钟，然后我会来找你。"这样规则也就会慢慢变成习惯，同时也增进了家庭成员彼此的了解。

游戏四：家务总动员

在前面的章节，我分享了我们全家是如何分配家务的，除了日常各自的劳动，还有些特别的场景，比如衣物换季或换洗沙发巾、床单、被套等，这些活在任务分配表上并没有具体标注是谁的任务，但是这些事又是必须要做的，那就大家一起来做。我先生单身时最讨厌的家务是换被套，但当孩子们加入家务大队后，我们一人拿一个角然后一起抖一抖，一分钟就搞定了他一个人最不想干的活。

有时，孩子们会突然想和我一起做一个甜品，我会看看当时的时间安排，如果能匀出几个小时就会答应。在她们作业全完成的前提下，我们约定一个时间一起做甜品，这是对孩子的一种奖励，同时也是一个亲子相处的好机会。

孩子们更小的时候，我还试过把家长才能做的事情变成奖励，让孩子们感觉能帮爸妈做一些力所能及的事情是很特别的机会，比如"如果今天吃饭不吧唧嘴，可以吃好饭帮妈妈一起浇花"，一举两得。

家务还是一项非常好的室内运动，可以帮助孩子们清空脑子，换换思路。当他们在学业上遇到瓶颈时，可以请他们停下来，花5—10分钟去动一动，这样可能有助于激发灵感和创意。

游戏五：拍视频

我小时候最爱翻看的就是我妈妈保留的家庭相册，还保留有好几段她给我录制的牙牙学语的磁带。我们的孩子出生即有数码产品，照片更是每个人随时随地可以完成的作品。随着短视频软件的兴起，大家也感受到了动态影像的魅力，越来越多的家长开始拍视频记录孩子成长，为孩子和自己留个纪念。

孩子们一段新的演讲、一首新歌、一个手工的制作过程，家长都可以用简易家用三脚架和手机来完成拍摄，并通过移动端的软件和孩子一起剪辑视频、添加文字效果、做成动图，这可以给孩子们带来乐趣，同时也让他们学习了新本领。有一些实体数码店也会提供免费的软硬件操作课程，家长也可以带孩子一起去，这是孩子们融入真实社会的一个好机会。这些视频因为你们在制作时投入了心血，并且有声音和动态的呈现，有时候比看照片更值得回味。

视频不一定要放在网上，我们可以告诉孩子网络上可能会有些坏人利用小朋友的视频做坏事，不是所有孩子都认同"出名要趁早"，所以我们可以只发给特别重要的亲朋好友，或者发到家人群里分享。

游戏六：角色扮演

这个游戏偶尔玩一下非常有趣，孩子和爸妈的角色可以互换几小时甚至一天。互换角色可以帮助孩子体验家长的辛苦，也能让家长从另一个角度观察孩子，帮助孩子成长。

具体的方法是：和孩子约定好角色互换的时间和要互换的角色，比如孩子挑了爸爸的角色，这段时间内，孩子就假装自己是爸爸，爸爸则扮演孩子的角色。在有兄弟姐妹或祖辈一起生活的家庭中，可以把全家人的角色都写在纸上，轮流抽签来决定互换的对象。

在游戏中，每个人都要从说话的语气和做事情的内容等各个方面模仿互换的对象。这时候，你会发现，孩子的观察力惊人，你的口头禅、动作、表情他们竟然都模仿得惟妙惟肖。在一起生活的家人通过这个方式去走近彼此，还能拥有一段捧腹大笑的回忆，何乐而不为呢？

如果这个游戏玩腻了，还可以每个人选任意角色扮演，比如孩子扮演喜欢看的动画片人物，家长扮演喜欢的电影角色、游戏角色，让他们在同一空间擦出一段奇妙的火花。如果孩子本身有表演天赋，这也是一个锻炼孩子想象力和表现力的好机会。

人各不相同，请尊重孩子的多样性，也珍惜彼此在一起的时光。给予孩子试错的机会，他们才能拥有足够的时间酝酿花朵和结果实，而在游戏中试错是试错成本相对低的。之后我还准备写一本家庭游戏点子书，分享如何根据孩子不同的学习性格及特点，去设计和孩子们玩什么，怎么玩，并且怎样做到 365 天不重复。总之，如果家长愿意花时间去打开孩子学习性格的"宝盒"，并根据孩子的特性花心思培养他们，一定会使他们受益终生！

后记

认清自己，知足常乐

我发现自媒体点击率高的育儿推送内容都是关于"别人家的孩子"怎么优秀，只要标题一带有"藤校""天才"等关键词，一定会有大把焦虑的家长点进去取经，家长们都太过在意孩子一时的优秀与否了。

还有一个有趣的现象是，孩子越小的家长一般越焦虑，而孩子已然长大一些的家长却认为小时候那些焦虑都不是事儿。

你还记得怀胎十月时你对肚子里这个小胎儿的期许吗？家长的初心从一开始的母子平安，到孩子身体健康、活泼可爱，到孩子成绩优异，再到孩子智商、情商、财商样样都高，发生了很大的变化。孩子还是那个孩子，是我们做父母的要求越来越多了。

论学习热度，中国可谓走在世界前沿，各种培训班报名持续火热，预习、复习用的教材、教辅永远位于图书销量榜前列；可是论学习热情，很少有人把自己定义为"终身学习者"，也少有人认为自己是真心地热爱学习新东西的，仿佛学习只是为了升学，现在学习为的是以后不用学习。现有的升学压力下，学习确实是刚需，但不恰当的操作可能正在撕裂你们的亲子关系，并从一开始就摧毁了很多孩子成为"终身学习者"的可能性。从需求端来看，对于教育的要求也发生了根本性的变化。随着 AI 发展的大趋势，社会需要的不再是整齐划一的工人和白领，而是具有创新力和认知快速迭代能力的人才。

我的孩子就是普通人，她们有这样或那样的"毛病"，但总是特别的可爱。她们不一定有能力和机会去名校就读，但我对于她们的人生有十足的信心，因为人生路漫且长，何必在意一时沉浮。

这本书的初衷是帮助爸爸妈妈放宽心，而不是要用这些"型"给孩子贴上标签。当我们遇到一些费解的教育问题时，不要焦躁，可以多查阅多交流，用心理学和教育学的理论武装自己的头脑，从多个角度去看待孩子和他们的一切变化，找到原因才能找到答案。

学习确实是一件颇为辛苦的事情，想快乐学习并学得很好，也不是没有可能，但是在智力水平差不多的前提下，大部分孩子都要辛苦付出后才能达到一定程度。辛苦地学，和不喜欢硬被逼着学完全是两回事。孩子可能学得很辛苦，但是并不等于要让他／她很痛苦，努力从来都不应该和痛苦画等号。我们常说的"快乐教育"是想要避免让孩子学得很痛苦，而不是想让孩子不辛苦，很多人在讨论这个问题时没有弄清这两个概念。

与其规划孩子，不如减少比较。因为家长的焦虑情绪很容易传递给孩子，而焦虑本身并不有助于进步。

不断思考，不断学习，努力提升认知水平才是出路。

不断尝试，不断实践，适量调整育儿策略方见彩虹。

这本书的主旨是帮助大家去换个视角看自己的孩子，如果你的孩子还很小，那我真的为你感到幸运，因为我是到两个孩子都上小学之后才开始认真思考我的孩子与其他孩子的不同之处，而如果我早一点知道，一些问题在当时就可以轻易解决了。

《笨小孩》是一首我很喜欢的励志歌曲，它的歌词非常浅显易懂，曲风也很可爱，它用第一人称唱出了所谓"笨小孩"内心的苦闷和不得志。虽然歌曲最后一句是"老天爱'笨小孩'"，但我衷心地希望世界上被别人尤其是自己父母定义为"笨小孩"的小朋友越来越少。亲爱的爸爸妈妈们，世界上没有笨小孩，请坚定地相信，到了开花的时节，花自然会开。

特别鸣谢

感谢我的小学语文老师陈祥娣（已故）和高中语文老师张岩，让我对文字表达充满热情。

感谢初中美术老师卞志清给我打下的画画基础，由于一时找不到合适的插画师，我只能赶鸭子上架，因此更要感谢苹果专卖店上海七宝万科店的软件画画老师 Tony 和莎莎，在大课中，从零开始教我使用 Procreate 这个 APP，并在我遇到困难时悉心解答，给了我很多灵感。

感谢我的高中上海市七宝中学拯救了我这个对学习信心不足的学生。原校长仇忠海和班主任肖岚老师，以及所有任课的不任课的教职人员，让我感受到了满满的爱。这些滋养弥足珍贵，意义重大！

感谢东方出版中心的编辑老师们，他们对我一个非职业作家的高标准严要求，让我看到内容制作者在当今这个略显浮夸的时代仍然有着很大的可能性。

感谢好朋友如懿、彦瑾、曹玥总是给我很夸张的鼓励，让我自信满满地写下去、画下去。还有叽里呱啦的妈咪 Cat 和"艺家心理"的严艺家，无论我做什么，她们都无条件支持我，帮我站台。

最后要感谢我的两个孩子和先生，和他们在一起的每一天构成了我的写作素材。也感谢这个机会，让我能把这些年脑子里装的看似毫无头绪的东西，在几个月没日没夜的写写写中渐渐梳理清晰。

慾